Stephan Schulmeister
Mitten in der großen Krise
Ein »New Deal« für Europa

Wiener Vorlesungen im Rathaus
Edition Gesellschaftskritik

Band 7
Herausgegeben für die Kulturabteilung der Stadt Wien
von Hubert Christian Ehalt

Vortrag im Wiener Rathaus
am 22. April 2010

Stephan Schulmeister

Mitten in der großen Krise
Ein »New Deal« für Europa

Picus Verlag Wien

Copyright © 2010 Picus Verlag Ges.m.b.H., Wien
4. Auflage 2012
Alle Rechte vorbehalten
Grafische Gestaltung: Dorothea Löcker, Wien
Druck und Verarbeitung:
Druckerei Theiss GmbH, St. Stefan im Lavanttal
ISBN 978-3-85452-586-8

Informationen zu den Wiener Vorlesungen unter
www.vorlesungen.wien.at

Informationen über das aktuelle Programm
des Picus Verlags und Veranstaltungen unter
www.picus.at

Die Wiener Vorlesungen.
Das Dialogforum der Stadt Wien

Im April 1987, vor dem Ende des Ost-West-Konflikts und lange vor der radikalen Durchsetzung des Hauptsatzes des Neoliberalismus, »there is no alternative«, wurden die Wiener Vorlesungen als Dialogforum der Stadt Wien mit einem Vortrag des renommierten Sozialwissenschaftlers und Herausgebers der Kölner »Zeitschrift für Soziologie und Sozialpsychologie«, René König, zum Thema »Die Stadt und die Wissenschaft« begonnen. Es war damals ein Versuch, in Wien, einer Stadt, in der es um die Wende vom 19. zum 20. Jahrhundert, in den zwanziger Jahren und wieder seit Ende der siebziger Jahre des 20. Jahrhunderts eine sehr lebendige intellektuelle Kultur gab und gibt, eine Schnittstelle zwischen Wissenschaft und Öffentlichkeit zu etablieren. Nach über tausend Vorlesungen und Podiumsgesprächen, die in neun Buchreihen dokumentiert werden, sind die Wiener Vorlesungen ein Stück erfolgreicher Wissens- und Wissenschaftsgeschichte Wiens.

Nach dem großen Erfolg des konzisen Vortrags René Königs, der der Stadt Wien damals den Rat gab, die Wissenschaft und ihre Institutionen »in die Stadt einzunisten«, haben noch im Jahr 1987 unter anderem die Herausgeberin der »Zeit«, Marion Dönhoff, die Psychoanalyse- und Psychotherapieprofessoren Bruno Bettelheim, Erwin Ringel, Walter Spiel und Hans Strotzka und Kardinal Franz König, der gemeinsam mit Bruno Kreisky in Österreich erfolgreich an einer Entspannung des Verhältnisses zwischen der katholischen Kirche und der Sozialdemokratie wirkte, vorgetragen. Seither skizzieren die Wiener Vorlesungen vor einem sehr großen und immer noch wachsenden Publikum in dichter wöchentlicher Folge ein facettenreiches Bild der gesellschaftlichen und geistigen Situation der Zeit.

Prominente Denkerinnen und Denker stellen ihre Analysen und Einschätzungen zur Entstehung und zur Bewältigung der brisanten Probleme der Gegenwart zur Diskussion. Das Anliegen der Wiener Vorlesungen war und ist eine Schärfung des Blickes auf die Differenziertheit und Widersprüchlichkeit der Wirklichkeit und der Analysen, Diskurse und Narrative, in denen die »Tatsachen« interpretiert und »gespiegelt« werden.

Die Wiener Vorlesungen stehen für Analyse und Kritik, für eigenständige Positionen auch gegen den Mainstream herrschender Begrifflichkeiten und Sichtweisen. Die Programmatik der Wiener Vorlesungen lautet: Aufklärung statt Vernebelung, Analyse statt Infotainment, Differenzierung statt Vereinfachung, Tiefenschärfe statt Oberflächenpolitur, Utopien statt Fortschreibung, Widerspruch statt Anpassung, Auseinandersetzung statt Belehrung. Diese Zielsetzungen wurden und werden jeweils sehr persönlich, disziplin- und themenbezogen in die intellektuelle Tat der Wiener Vorlesungen gesetzt.

Die Wiener Vorlesungen analysieren, bewerten und bilanzieren, befähigen zur Stellungnahme und geben Impulse für weiterführende Diskussionen und Aktivitäten im Sinne der Auffassung, dass Aufklärung – auch die Aufklärung der Aufklärung – noch immer und wiederum ein gleichermaßen unabdingbares wie tragfähiges Fundament demokratischer Gesellschaften ist.

Wichtig in Gesellschaft und Wissenschaft ist heute mehr denn je ein Bewusstsein für die Notwendigkeit von Kritik. Kritik muss als zentraler und integraler Bestandteil von Alltag und Arbeit ständig bewusst gemacht und gesichert werden. Der Schoß, aus dem Barbarei wächst, war und ist immer fruchtbar; es muss jedoch konstatiert werden, dass der radikale aktuelle Finanzkapitalismus und seine gesellschaftlichen Auswirkungen die Zurückdrängung von Öffentlichkeit und Demokratie, soziale Polarisierung, neue Kontroll- und Disziplinierungsfantasien – durchwegs demokratiefeindliche Phänomene in gefährlichem Ausmaß fördern. Daher haben die Wiener Vorlesungen im Jahr 2006 die eigenständige Reihe »Edition Gesellschaftskritik« ins Leben gerufen, die sich explizit mit Strukturen, Ausdrucksformen und Auswirkungen der Ökonomisierung im Dienst neoliberaler Politik auseinandersetzt. Im Hinblick auf den dualen Charakter menschlicher Handlungen in einem Spannungsfeld von »Sinn und Zweck« fördert die aktuelle Dominanz von auf Profit ausgerichteten Zielsetzungen die immer ausschließlichere Zweckorientierung von gesellschaftlichem und individuellem Tun. Das Postulat, dass die rasche Erreichung profitabler Ziele das einzig Richtige und Vernünftige ist und zu sein hat, drängt die sozialen und die Sinndimensionen, die im gesellschaftlichen und individuellen Handeln erst Wahrheit, Freiheit, Glück ermöglichen, zurück.

Der allgegenwärtige neoliberale Globalisierungsprozess verstärkt den Werkzeugcharakter der individuellen menschlichen Existenz. Männer und Frauen müssen es sich – gleich in welcher hierarchischen und strukturellen Position sie sich gerade befinden – gefallen lassen, sich ständig nach ihrem aktuellen Funktionswert bewerten zu lassen. In demselben Maß, in dem die Gesellschaften ökonomisiert, auf die Steigerung wirtschaftlicher Effizienz im Dienst privater Profite umgestellt wurden und werden, wird der Raum für das Humane – für Erkenntnissuche, Solidarität, Auseinandersetzung mit den existentiellen Fragen – zurückgedrängt.

Die Bankenkrise, die Finanzkrise, die Staatskrise in

Griechenland sind allesamt Ausdruck einer globalen politischen und einer Gerechtigkeitskrise, einer Polarisierung von Arm und Reich. Die Krisen zeigen idealtypisch den Umverteilungsmechanismus, der durch das gegenwärtige Finanzsystem in Gang gebracht wird. Der maßlose Renditeanspruch der Shareholder fordert in immer kürzeren Zeiträumen immer größere Profite, die nicht durch die Produktion von Gütern und Leistungen, sondern durch Zerstörung funktionierender Wirtschaftseinheiten und durch Umverteilung in einem globalen komplexen Transaktionssystem mit Counterstrike-Charakter erwirtschaftet werden.

Die Kosten des Finanzkapitalismusdesasters werden – direkt oder mittelbar – aus Steuergeldern und Umverteilungsmaßnahmen finanziert. Die Sparpakete treffen die Arbeitnehmerinnen und Arbeitnehmer, die die Steuern monatlich zahlen und nicht jene, die sie hinterziehen; und sie treffen auf dem Umweg über Budgetanteile (Soziales, Umwelt, Bildung, Kultur, Wissenschaft etc.) jene Institutionen und Berufsgruppen und jene schlecht entlohnten Arbeiten, die dafür sorgen, dass der gesellschaftliche Zusammenhang, die soziale und zivile Gesellschaft, die Welt als friedlicher und konstruktiver Gestaltungsprozess überhaupt noch funktioniert.

Auch die von British Petrol durch deren schrankenloses Profitstreben wesentlich mitverursachte Umweltkatastrophe im Golf von Mexiko – Großkonzerne wie BP und dessen Partner Halliburton und Transocean arbeiten in einem von öffentlicher Kontrolle freien Raum – zeigt deutlich, dass es im Gegensatz zum Dogma der Alternativlosigkeit zu einem neoliberalen Kapitalismus Alternativen geben muss. Öffentliche Diskussion, Kritik, Kontrolle und Gestaltung sind, wie der Ereignisbefund der letzten Monate in aller Deutlichkeit zeigt, unabdingbar.

Stephan Schulmeister fordert daher folgerichtig mitten in der Krise einen »New Deal« für Europa. Stephan Schulmeister kennt seine Materie von den Entwicklungen und Paradigmen(-wechseln) der ökonomischen Theorie, als genau beobachtender Historiker im Hinblick auf die Gestaltungsakte, die die wichtigen Akteure in Wirtschaft und Politik national und international setzten und setzen, last but not least im Hinblick auf eine ethnologisch genaue Beobachtung und Analyse dessen, was das Wirtschaftsgeschehen im Wechselspiel zwischen Realwirtschaft und Finanzwirtschaft konkret ausmacht. Ich habe Stephan Schulmeister zu der in diesem Band veröffentlichten Analyse eingeladen, weil er wie kaum ein anderer Ökonom einen genauen und kritischen Blick auf das Wechselspiel und Wechselwirkungsverhältnis von Wirtschaft, Gesellschaft und Politik hat. Stephan Schulmeister hat seine Beobachtungswarten am österreichischen Wirtschaftsforschungsinstitut und jene, die er in seiner Zusammenarbeit mit NGOs selbst mit errichtet hat, ausgezeichnet genützt. Er weiß im Hinblick auf die historische Konstellation, im Hinblick auf theoretische Entwürfe und aktuelle politische Strukturen sehr genau, wovon er spricht. Die Wiener Vorlesungen haben daher, aber auch wesentlich im Hinblick auf die gesellschaftskritischen Grundlagen und Zielsetzungen seiner Arbeit, Schulmeister zu der nun auch in Buchform vorliegenden Analyse eingeladen. Wir hoffen, mit dieser Publikation und den darin vertretenen Analysen und Thesen einen Beitrag dazu zu leisten, dass die Gestaltung der Welt nicht nur und vor allem aus der Sicht der Interessen der Shareholder, sondern aus jener der Bürgerinnen und Bürger erfolgt, die ein berechtigtes Interesse an einer fairen Verteilung des Reichtums und der Güter dieser Welt haben.

Hubert Christian Ehalt

Vorwort

Dieser Essay basiert auf den Ergebnissen eines langfristigen Forschungsprogramms, an dem ich seit Anfang der 1980er Jahre arbeite. Es untersucht das Verhältnis von Real- und Finanzwirtschaft und kommt zum Schluss: Nicht die realwirtschaftlichen Fundamentalfaktoren determinieren Handelsdynamik und Preisbildung auf Finanzmärkten (wie von der herrschenden Wirtschaftstheorie angenommen), sondern letztere beeinträchtigen auf geradezu systematische Weise die Aktivitäten von Unternehmern und Arbeitnehmern in der Realwirtschaft. Die theoretischen und empirischen Ergebnisse dieses Forschungsprogramms werde ich zu einem späteren Zeitpunkt in einem Buch zusammenfassen (wer zu früh kommt, den bestraft die Geschichte auch …).

Mit der sich seit 2007 vertiefenden Krise hat der Prozess der schrittweisen Implosion des Finanzkapitalismus begonnen. Dieser Typus einer kapitalistischen Marktwirtschaft hat sich seit Anfang der 1970er Jahre immer weiter ausgebreitet, er ist dadurch charakterisiert, dass sich das Gewinnstreben zunehmend von realwirtschaftlichen Aktivitäten zu Finanzveranlagung und -spekulation verlagert (im Gegensatz zum Realkapitalismus der 1950er und 1960er Jahre).

Der Übergang von einem finanz- zu einem realkapitalistischen Regime wird durch massive ökonomische, soziale und politische Verwerfungen geprägt, zuletzt – besonders extrem – zwischen 1929 und Ende der 1940er Jahre (die letzte Talsohle im langen Zyklus). Wiederum stehen wir am Beginn der Transformationskrise vor einer Verzweigung: So wie Reichkanzler Brüning 1930 den

Gürtel enger schnallen ließ, so verordnen nun die europäischen Eliten – ausgeweitet auf die gesamte EU – eine radikale Sparpolitik. So wie Roosevelt ab 1932 versucht nun Obama einen anderen Weg zu gehen, nämlich die Krise durch eine expansive Strategie zu überwinden.

In dieser Situation möchte ich durch den vorliegenden Essay konkret aufzeigen: Auch für Europa gibt es bessere Wege, die Krise zu überwinden, als sich gegenseitig die Einkommen zu kürzen, indem man weniger ausgibt. Durch einen »New Deal« für Europa ließen sich gleichzeitig die Lebensbedingungen nachhaltig verbessern, insbesondere in ökologischer und sozialer Hinsicht. Dreierlei braucht es, um eine offensive Gesamtstrategie umzusetzen: Erstens die Einsicht, dass der Neoliberalismus eine Ideologie im Interesse des Finanzkapitals ist und nicht der UnternehmerInnnen (und schon gar nicht der ArbeitnehmerInnen) – der Neoliberalimus ist daher als (gemeinsames) Fundament einer Gesellschaftspolitik untauglich (und schädlich, insofern ihm dies zugebilligt wird). Da aber die Eliten in Europa den Neoliberalismus zur Grundlage ihrer (wirtschafts-)politischen Empfehlungen gemacht haben, wird ihnen diese Einsicht schwer fallen. Zweitens braucht es ein konkretes Konzept, mit welchen Maßnahmen eine innovative Wirtschaftspolitik Europa aus der Krise führen könnte. Dazu soll dieser Essay einen Beitrag leisten. Drittens braucht es ein Leadership auf Seiten der PolitikerInnen, ein solches Konzept auch gegen die wirtschaftswissenschaftlichen Bedenkenträger von gestern durchzusetzen.

Den weitaus größten Dank für das Zustandekommen dieser Arbeit schulde ich Eva Sokoll, die mich seit mehr als 30 Jahren mit einer Fülle statistischer Auswertungen versorgt hat, und selbst gegen unmögliche Anforderungen (Arbeit mit Minutendaten seit 1978, etc.) nur schwachen Widerstand leistete. Außerdem und (noch) wichtiger: Sie steht mir immer mit Rat und Kritik zur Seite, und das habe ich nötig.

Zu diesem Essay haben durch Tipps, Ergänzungen und Kritik insbesondere Volker Bahl-Benker, Erhard Busek, Sepp Wall-Strasser und Angela Köppl beigetragen. Herrn Prof. Hubert Christian Ehalt danke ich für die Einladung zu einer »Wiener Vorlesung«, Frau Dr. Barbara Giller vom Picus Verlag für ein effizientes und rasches Lektorat.

Viele Grundlagen dieses Essays wurden in einem kleinen, sehr alten Bauernhaus in Ybbsitz erarbeitet, herzlichen Dank an Leopold und Rosi Dieminger, dass ich dort seit 26 Jahren wohnen kann. Der Text dieses Essays wurde im Mai 2010 auf der Insel Patmos verfasst. Ich danke Frau Dr. Erika Karalis, dass ich ihre »Akropolis« bewohnen durfte. Auf Patmos hat der Evangelist Johannes die Apokalypse geschrieben und über die Insel heißt es in einem Gedicht von Hölderlin: »… wo aber Gefahr ist, wächst das Rettende auch …«

Ein guter Ort, um am Konzept für die Bewältigung einer großen Krise zu arbeiten.

Wien und Patmos, Mai 2010

Mitten in der großen Krise
Ein »New Deal« für Europa

Staatsverschuldung, Arbeitslosigkeit, Armut und Klimawandel im Ganzen bekämpfen

Im – langsam untergehenden – Zeitalter des Neoliberalismus halten sich Ökonomen und Wirtschaftspolitiker bei der Diagnose von Problemen an zwei Grundsätze. Erstens: Wo ein Problem in Erscheinung tritt, dort liegen auch seine Ursachen. Zweitens: Jedes der großen Probleme wie Staatsverschuldung, Arbeitslosigkeit oder Klimawandel wird isoliert betrachtet und bedarf dementsprechend einer »Spezialtherapie«.

Zwei Beispiele verdeutlichen diese »arbeitsteilige« Sichtweise. *Beispiel 1:* Die Hauptgründe für hohe Haushaltsdefizite und steigende Staatsverschuldung sind übermäßige Staatsausgaben und die Ineffizienz der öffentlichen Verwaltung. *Beispiel 2:* Die Hauptursachen hoher Arbeitslosigkeit bestehen in übermäßigen Lohnkosten und überregulierten Arbeitsmärkten.

Diesen (Symptom-)Diagnosen entsprechen die (Symptom-)Therapien. Im Hinblick auf die Staatsfinanzen wird verordnet: Der Staat soll durch (Maastricht-)Regeln zu Disziplin verhalten werden, er soll seinen Haushalt durch Sparen konsolidieren und sich durch umfassende Privatisierungen aus der Wirtschaft zurückziehen. Arbeitslosigkeit soll bekämpft werden durch Reduktion der Reallöhne, durch geringere Lohnnebenkosten, durch Senkung der Anreize zur Arbeitslosigkeit (Kürzung von Arbeitslosengeld etc.), sowie durch die Schaffung atypischer Beschäftigungsverhältnisse.

Tatsächlich sind die großen Probleme wie Staatsverschuldung, Arbeitslosigkeit, Ungleichheit in der Verteilung von Einkommen, Vermögen und (damit) der Entfaltungschancen oder die Umweltverschlechterung gemeinsam angewachsen in einem langen Entwicklungsprozess. Dieser Prozess wurde immer stärker von neoliberalen Leitlinien geprägt, verbunden mit einer Verlagerung der kapitalistischen Kernenergie, des Profitstrebens, von real- zu finanzwirtschaftlichen Aktivitäten.

Strategien zur Bewältigung der gesellschaftlichen Hauptprobleme müssen diese Transformation vom Realkapitalismus der 1950er bis 1970er Jahre zum Finanzkapitalismus der vergangenen drei Jahrzehnte berücksichtigen, also eingebettet sein in den Prozess des polit-ökonomischen Entwicklungszyklus. Seine letzte Talsohle wurde durch die große Depression der 1930er Jahre und den Zweiten Weltkrieg geprägt. Das Lernen aus der Krise ermöglichte die realkapitalistische Prosperitätsphase: Anhaltende Vollbeschäftigung und der stetige Ausbau des Sozialstaats stärkten Gewerkschaften und Sozialdemokratie, gleichzeitig drifteten die Intellektuellen nach links, die Vermögenden gerieten gesellschaftspolitisch in die Defensive, die Losungen des Neoliberalismus wurden für sie (wieder) attraktiv. Die schrittweise Entfesselung der Finanzmärkte nach neoliberaler Rezeptur seit Anfang der 1970er Jahre verlagerte das Gewinnstreben von Real- zu Finanzinvestitionen und prägte so die finanzkapitalistische Abschwungsphase der vergangenen drei Jahrzehnte.

Während der Realkapitalismus durch seinen Erfolg zugrunde gegangen war, geht nun der Finanzkapitalismus an seinem Misserfolg zugrunde – die Krise ist die große Frucht nach neoliberaler Blüte. Fazit: Das Ende der Sackgasse ist erreicht und damit der Anfang einer neuen Talsohle im langen Zyklus.

Um möglichst frühzeitig aus der Krise zu lernen und diese so zu verkürzen, bedarf es eines wirtschafts- und sozialpolitischen Gesamtkonzepts, insbesondere für die EU. Denn in Europa hat sich der »neoliberale Smog« in den Köpfen der Eliten besonders stark ausgebreitet. Gleichzeitig verstärkt die Krise die Spannungen innerhalb der Union, was wiederum alte Feindbilder zum Leben erweckt, innerhalb der einzelnen Länder (Inländer versus Ausländer) ebenso wie zwischen den Ländern (Mitteleuropa versus Club Med). In einer hartnäckigen Krise wird sich auch manches Gespenst der europäischen Geschichte wieder beleben lassen.

Fazit: Ein »New Deal« für Europa ist nicht nur zur Bewältigung der ökonomischen Hauptprobleme im Ganzen nötig, sondern auch zur Stärkung des sozialen und europäischen Zusammenhalts.

1. Hauptthesen des Essays

Ich möchte in diesem Papier folgende Thesen begründen und ihre Bedeutung am Beispiel der Konsolidierung der Staatsfinanzen erläutern.

These 1: Die gängigen Symptomdiagnosen und -therapien sind eingebettet in die neoliberale Weltanschauung und damit Teil der langfristigen Produktion der großen Probleme Staatsverschuldung, Arbeitslosigkeit, Armut und Umweltverschlechterung. Die Leugnung des Gemeinschaftlichen (»there is no such thing as society«), die Diskreditierung des Staates als Feind der Bürger (er ist auch »unser Verein«), die Vernachlässigung der Investitionen in Infrastruktur, Bildung, Umwelt und in den sozialen Zusammenhalt, all dies hat den Unternehmen und Arbeitnehmern schweren Schaden zugefügt. Noch größer war der Schaden für die Produzierenden durch die Entfesselung der Finanzmärkte und damit durch die Verlagerung des Gewinnstrebens von real- zu finanzwirtschaftlichen Aktivitäten.

These 2: Diese Entwicklung war unvermeidlich. Denn der Neoliberalismus ist die Ideologie im Interesse des Finanzkapitals, nicht des Realkapitals. Die Losungen gegen Sozialstaat und Gewerkschaften haben die Unternehmer (-vertreter) schon vor langer Zeit dazu verführt, den Neoliberalismus als ihre Ideologie zu adoptieren. Dies hat ihnen sehr geschadet, besonders den Klein- und Mittelbetrieben. Gleichzeitig haben die anwachsenden Probleme und ihre Behandlung durch sparpolitische Schwächung des Sozialstaats und Atypisierung der Beschäftigung das Verhältnis zwischen den Sozialpartnern verschlechtert. Die Interessen des Finanzkapitals können sie nicht als ihren gemeinsamen Gegner erkennen, weil (fast) jeder selbst Finanzkapital besitzt.

These 3: Eine Essenz des Finanzkapitalismus besteht darin, dass Finanzaktiva geschaffen werden, die keine realwirtschaftliche Deckung haben. Zunächst geschah dies durch Aktienbooms, dann durch Kreditvergabe an nahezu mittellose Häuslbauer. Als der fiktive Charakter der Finanzforderungen durch den Verfall von Aktienkursen und Immobilienpreisen offenbar wurde, begann sich der Staat als Ersatzbank zu betätigen, nahm Geld auf und gab es den richtigen Banken – das Problem unzureichender Deckung wurde nur verschoben. Wenn nun EZB und EU durch Schaffung eines Rettungsfonds Griechenland und danach Portugal und Spanien und Italien beistehen, wird das Problem weitergeschoben. Eine nachhaltige Lösung kann nur darin bestehen, dass die Staaten in die Lage versetzt werden, ihre Schulden zu bedienen. Dies setzt ein stabiles und merkliches Wirtschaftswachstum voraus, also eine Verlagerung des Gewinnstrebens von der Finanz- zur Realwirtschaft, einen »New Deal« als nachhaltigen Anschub und eine Abkehr vom Weltbild der letzten Jahrzehnte.

These 4: Die schwierigste Phase der großen Krise liegt nicht hinter uns, sondern vor uns. Ein neuerlicher Rückgang der Aktienkurse bei gleichzeitig hoher Arbeitslosigkeit, leeren Staatskassen und zunehmendem Zweifel an der realen Deckung der Staatschulden wird ohne kluge Gegensteuerung dazu führen, dass alle Sektoren versuchen, ihre Lage durch Sparen abzusichern: Unternehmer, Haushalte, Ausland und Staat. Das ist der Stoff, aus dem ökonomische Depressionen gemacht sind. In einer solchen Situation muss der Staat der Realwirtschaft nachhaltige Impulse geben, gleichzeitig aber auch seine Finanzlage stabilisieren. Dafür gibt es nur einen Weg: Er muss den Einkommensstärksten, insbesondere den Besitzern großer Finanzvermögen, spürbare Konsolidierungsbeiträge abverlangen, und zwar nicht aus sozialen, sondern aus technisch-makroökonomischen Gründen: Die Finanzrentiers reagieren darauf nicht mit einer Einschränkung ihres Konsums, sondern ihres Sparens.

These 5: Mit einem Teil dieser Mittel sollen jene Probleme energisch angegangen werden, die in den vergangenen 20 Jahren vernachlässigt wurden. Dazu gehören insbesondere die Verbesserung der Umweltbedingungen, von einer »generalstabsmäßigen« thermischen Gebäudesanierung über die Erneuerung der Energieversorgung bis zur Ökologisierung von Industrieprodukten wie der Förderung von Elektroautos (all dies würde den Unternehmen zusätzliche Aufträge bringen). Ein weiterer Schwerpunkt besteht in massiven Investitionen ins Bildungswesen (einschließlich Vorschulbereich), insbesondere zur Verbesserung der Qualifikation von Kindern mit Migrationshintergrund und der Bedingungen an den Universitäten. Den dritten Schwerpunkt bilden alle Maßnahmen zur Stärkung des sozialen Zusammenhalts, von einer Verbesserung der Entfaltungschancen junger Menschen (insbesondere im Bereich Wohnen und Arbeit) über eine aktive Armutsbekämpfung bis zu einer Organisation der Altenbetreuung, die den Standards eines modernen Sozialstaats entspricht.

These 6: Es liegt im eigenen Interesse der Besitzer der (großen) Finanzvermögen, in der jetzigen Situation spürbare Konsolidierungsbeiträge zu leisten, um dem Staat eine nachhaltige Ankurbelung der Realwirtschaft zu ermöglichen. Für die »Reichen an Geld« (Rentiers) ist dies viel wichtiger als für die »Reichen an Realkapital« (Unternehmer), da Erstere den größten Teil der Staatsanleihen halten (direkt oder indirekt in Form von Investitions- oder Pensionsfonds). Die Deckung der Staatsanleihen besteht nämlich im künftigen Wirtschaftswachstum und den daraus erfließenden Staatseinnahmen sowie den dadurch vermiedenen Sozialausgaben.

These 7: Wenn die »Reichen an Geld« darauf bestehen, dass der Staat seine Schulden an sie durch eine wachstumsdämpfende Verringerung der Staatsausgaben abzahlt, dann verlangen sie eine logische Unmöglichkeit. Den Arbeitnehmern muss nämlich zuerst die Chance gegeben werden, gemeinsam mit den Unternehmern die Schulden des Staates gegenüber den »Reichen an Geld« abzutragen. Wenn nicht, wäre ein partieller Staatsbankrott, im optimalen Fall eine gemeinsam von allen EU-Staaten koordinierte Umschuldung (= Ausgleichsverfahren) unvermeidlich. Dann werden die Finanzrentiers viel mehr verlieren als wenn sie jetzt kräftig zur Konsolidierung beitragen.

These 8: Das politische Haupthindernis für eine Stärkung der Realwirtschaft besteht darin, dass Unternehmen/

Unternehmer wie Arbeitnehmer auch (kleine) »Reiche an Geld« sind. In ihrer Eigenschaft als Finanzrentiers werden sie sich gegen Konsolidierungsbeiträge wehren (die großen wie Siemens ebenso wie die kleinen Sparer). Sie begreifen nicht, dass ihre Beiträge als Teil einer expansiven Gesamtstrategie ihnen selbst in ihrer Eigenschaft als Unternehmer oder Arbeitnehmer nützen würden.

These 9: Ist der erste Schock am Beginn einer Krise vorbei, so reagieren die Eliten mit dem Versuch, das Unangenehme zu verleugnen oder zu verdrängen. Gleichzeitig steigt das Bedürfnis nach Sicherheit. Beides stärkt die Tendenz, zum Status quo ante zurückzukehren, also jene Bedingungen wiederherzustellen, die vor der Krise herrschten. Dieses paradoxe Verhaltensmuster – es haben ja eben diese Bedingungen zum Heranwachsen der Krise beigetragen – steht einem Lernen aus der Krise entgegen. Die Abkehr der Eliten von ihren unter Schockeinwirkung gemachten Reformversprechen und der Übergang zu »Wir machen weiter wie vorher« verdeutlichen diese Lernhemmung. Genau deshalb vertieft sich die Systemkrise und verstärkt den Leidensdruck – allerdings bei den sozial Schwachen und nicht bei den (ökonomischen) Eliten, deren Nach-Denken eine Überwindung der Krise ermöglichen würde. Überdies sind Tempo und Gründlichkeit des Lernens bei den ökonomischen Eliten aus einem zweiten Grund schwach ausgeprägt: Es fällt ihnen besonders schwer, sich von der alten Weltanschauung und den darauf basierenden Modellen zu lösen.

These 10: In einer hartnäckigen Krise nimmt die Tendenz des »Rette sich wer kann« auch im Verhältnis der Länder zueinander zu. Mehrere Faktoren werden die Zentrifugalkräfte in der EU stärken: Die Länder haben umso weniger Möglichkeit, die Folgen der Krise zu bekämpfen, je geringer ihr wirtschaftliches Entwicklungsniveau und je prekärer daher die soziale Lage der Menschen ist. Denn diese Länder zahlen für die öffentlichen Schulden viel höhere Zinsen als die »reichen« Länder wie Deutschland. Auch sind die einzelnen EU-Länder durch ein Gefangenendilemma quasi gelähmt: Betreibt jedes einzelne Land eine expansive Politik, so fließen gut 50 Prozent der Impulse ins Ausland. Machen alle EU-Länder dies gemeinsam, so stärken sie sich wechselseitig. Gleichzeitig muss die expansive Gesamtstrategie in den Ländern mit (hohen) Leistungsbilanzüberschüssen und relativ günstiger Lage der Staatsfinanzen stärker ausgeprägt sein als in den Problemländern. Fazit: Gebraucht wird das Konzept eines koordinierten »New Deal« für Europa und ein Leadership der PolitikerInnen, dieses umzusetzen.

2. Der langfristige Aufbau des Potenzials für die große Krise

Die große Krise stellt das Endprodukt des Wandels von realkapitalistischen zu finanzkapitalistischen Rahmenbedingungen dar (gewissermaßen die Frucht aus neoliberaler Blüte). Dieser Wandel vollzog sich in mehreren Etappen (Schulmeister, 1998):

- Die Aufgabe des Systems fester Wechselkurse (1971), die beiden massiven Entwertungen des Dollars (1971/1973 sowie 1977/79) und die dadurch mitverursachten Ölpreisschocks waren die Hauptgründe für die beiden Rezessionen 1974/75 und 1980/82 (Abb. 1).
- Die Unsicherheit hinsichtlich der Profitabilität von Realinvestitionen stieg, gleichzeitig nahmen die Spekulationschancen auf den Devisen- und Rohstoffterminmärkten zu.

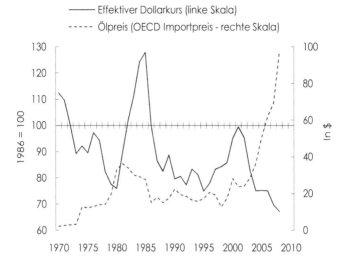

Abb. 1: Schwankungen von Dollarkurs und Erdölpreis gegenüber DM, Französischem Franc, Pfund, Yen

- Als Folge der Ölpreisschocks und damit indirekt der Aufgabe fester Wechselkurse beschleunigte sich die Inflation, gleichzeitig stieg die Arbeitslosigkeit im Zuge der Rezession 1974/75 (Abb. 12, S. 73).
- Diese Konstellation nutzten neoliberale Ökonomen wie Milton Friedman für den Generalangriff auf den Keynesianismus in der simplifizierten Form der neoklassischen Synthese. Die Phillips-Kurve sei falsifiziert, und damit ein Kernstück der keynesianischen Theorie.[1]
- Ende der 1970er Jahre begannen die Notenbanken eine extreme Hochzinspolitik zu praktizieren. Denn die Dollarentwertung 1977/79 und der nachfolgende Ölpreisschock hatten die Inflation neuerlich beschleunigt (Abb. 12, S. 73).
- Seit 1980 liegt der Realzins in Europa (daher) nahezu permanent über der Wachstumsrate, davor war er

immer niedriger gewesen (Abb. 12 – in den USA liegt hingegen das Zinsniveau seit dem geldpolitischen Kurswechsel Ende der 1980er Jahre im langfristigen Durchschnitt wieder deutlich unter der Wachstumsrate.[2])

- Das positive Zins-Wachstums-Differenzial zwang die Unternehmen wegen der dynamischen Budgetbeschränkung, ihre Fremdfinanzierung und damit auch das Wachstum ihrer Realinvestitionen zu senken (Abb. 9, S. 62–63).

- Das unternehmerische Gewinnstreben verlagerte sich so von der Realkapitalbildung zu Finanzveranlagung und -spekulation (Abb. 9), zusätzlich gefördert durch den seit den 1980er Jahren anhaltenden Boom von Finanzinnovationen, den Derivaten aller Art (Abb. 8, S. 56–57).

- Der 1982 einsetzende Aktienboom stimulierte die Spekulationsfreude, zumal die Umstellung der Pensionssysteme in den USA dem Boom einen langen Atem gab (er dauerte fast 20 Jahre).

- Die wichtigsten Preise wie Wechselkurse, Rohstoffpreise und Aktienkurse wurden destabilisiert, sie schwanken in einer Abfolge von Bull Markets und Bear Markets um ihre fundamentalen Gleichgewichtswerte ohne gegen diese Werte zu konvergieren (Abb. 1, S. 25, Abb. 3, S. 35, Abb. 6, S. 48, Abb. 7, S. 52).

- Die zunehmende Unsicherheit realwirtschaftlicher Transaktionen und die steigenden Gewinnchancen kurzfristig-spekulativer Finanztransaktionen veranlassten die (Industrie-)Unternehmen, ihre Aktivitäten verstärkt von Real- zu Finanzinvestitionen zu verlagern (Abb. 9, S. 62–63).

- Dadurch musste das Wirtschaftswachstum nachhaltig sinken, Arbeitslosigkeit und Staatsverschuldung nahmen zu (Abb. 12, S. 73). Als Reaktion auf diese Entwicklung wechselte die Fiskalpolitik in der EU auf einen restriktiven Kurs (Sparpolitik im Sinne der Maastricht-Kriterien).

- Die Sparpolitik und die damit verbundene Schwächung des – in Sonntagsreden viel gepriesenen – Europäischen Sozialmodells dämpften in den 1990er Jahren das europäische Wachstum weiter (Abb. 12, S. 73). Gleichzeitig wurde die kapitalgedeckte Altersvorsorge als Ergänzung zum sozialstaatlichen Pensionssystem gefördert.
- Also sollten auch die NormalbürgerInnen ihr Geld arbeiten lassen. Überdies zeigten die Banken ihren Kunden, wie das Geld auch für die (relativ) kleinen Leute durch allerlei Finanzinvestitionen arbeiten kann, statt auf Sparbüchern zu ruhen.
- In den 1990er Jahren ist daher die Renditeansprüchlichkeit enorm gestiegen: Die Realwirtschaft wuchs in Europa kaum noch, aber das Finanzkapital sollte zumindest zehn Prozent abwerfen. Tatsächlich waren auf den Aktienmärkten noch höhere Renditen zu holen.
- Durch den Aktienboom vergrößerte sich die Diskrepanz zwischen Börsenwert und tatsächlichem Wert der Unternehmen stetig. Das (Pyramiden-)Spiel »Der Unternehmen neue Kleider« musste enden, und zwar wie immer abrupt (Aktiencrash 2000/2003 – Abb. 3, S. 35).
- Zwischen 2003 und 2007 gelang noch ein Aktienboom (Abb. 3, S. 35), in Europa durch die Anreize zur kapitalgedeckten Altersvorsorge gefördert. In den USA begann der Immobilienbubble eine viel größere Rolle zu spielen, Geld arbeitete nun in Form einer Höherbewertung von Häusern.

- Die »Geldvermehrer« nützten dies zur Schaffung neuen Finanzkapitals in Form von Krediten, oft an nahezu Mittellose: Als die Immobilienpreise zu fallen begannen, wurden die zu »Wert«-papieren gebündelten Hypothekarkredite wertlos (Sommer 2007).
- Daraufhin stürzten sich die Geldvermehrer auf Rohstoffderivate, der letzte große Bubble setzte ein, die Preise von Rohöl, Weizen, Mais, Reis und sonstigen Rohstoffen explodierten (Abb. 2, S. 29, Abb. 5, S. 42, Abb. 6, S. 48).

Im Sommer 2008 verschärfte sich die Kreditkrise dramatisch, die Banken liehen einander kein Geld mehr, als Folge stieg der für die Weltwirtschaft insgesamt wichtigste Zinssatz, der LIBOR (der Dollarzins für Interbankkredite in London), drastisch an. Nachdem der Staat die Investmentbank Merril Lynch sowie die Hypothekenbanken Fannie Mae und Freddie Mac gerettet hatte, wollte man bei Lehman Brothers ein Exempel statuieren und ließ diese Bank pleite gehen.

Am nächsten Tag wäre der größte US-Versicherungskonzern, AIG, ebenfalls in Konkurs gegangen. Denn er hatte für Schulden von Lehman die Haftung übernommen, und zwar durch Credit Default Swaps (CDSs). Mit einer solchen »Wette« garantiert eine Partei A gegen eine Prämie einer Partei B die Einbringlichkeit einer Forderung gegenüber einer Partei C. Partei B muss dafür keinesfalls selbst eine Forderung gegen C haben, sie wettet einfach, dass C pleite geht (»naked CDS«) – man schließt gewissermaßen eine Feuerversicherung auf das Haus des Nachbarn ab und hat daher ein Interesse daran, dass dieses abbrennt. Das Volumen dieser Swaps war auf etwa 65.000 Milliarden Dollar angeschwollen. Die Furcht vor einem Zusammenbruch des gigantischen Kartenhauses löste Panik auf den Aktienmärkten aus.

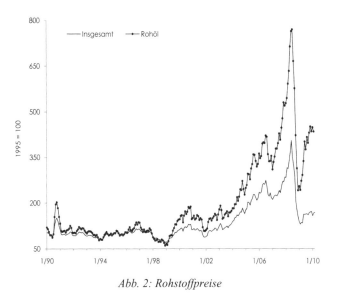

Abb. 2: Rohstoffpreise

Kredite an Emerging Market Economies (Entwicklungsländer) sind zu einem großen Teil Dollarkredite, deren Verzinsung an den LIBOR gebunden ist (plus Aufschläge). Durch den Anstieg des LIBOR und die Aufwertung des Dollar hatten sich die Kosten dieser Kredite dramatisch erhöht. Dies ließ gemeinsam mit dem Zusammenbruch der Rohstoffpreise die Importnachfrage dieser Länder massiv schrumpfen.

In Osteuropa kam zur Aufwertung der Auslandsschulden eine Aufwertung von Inlandsschulden: In diesen Ländern haben Banken an Unternehmen und Haushalte Fremdwährungskredite vergeben. Deren reale Last stieg durch die massive Abwertung aller osteuropäischen Währungen enorm und verstärkte den »Fäulnisprozess« der Kredite.

Ab Mitte 2008 verfielen gleichzeitig Immobilienpreise, Aktienkurse und Rohstoffpreise, und zwar teilweise schneller als nach dem Schwarzen Freitag im Oktober 1929. Dieser Entwertungsprozess ließ gemeinsam mit dem Verfall der Immobilienpreise große Teile des Vermögens von Haushalten, Unternehmen, Banken und Entwicklungsländern wegschmelzen, er stellte das dynamische Epizentrum des »Finanz-Tsunami« dar (Abb. 10, S. 67).

Der wichtigste Beschleunigungsfaktor des Entwertungsprozesses war die Spekulation auf fallende Aktienkurse und Rohstoffpreise auf den Derivatmärkten: Hedge Funds, Banken und sonstige »Systemspieler« gingen Short Positions ein (meist durch Verkauf von Futures). Die Exekution der Verkaufssignale trieb die Kurse nach unten. Das Geschäft war enorm profitabel: Die Performance von Hedge Funds, die auf Trend following Trading Strategies spezialisiert sind, war noch nie auch nur annähernd so hoch wie 2008 (Schulmeister, 2009C).

Die enorme Entwertung des Vermögens der privaten Haushalte (für die USA: Abb. 10, S. 67) sowie des von den Banken, Versicherungen, aber auch von Industriekonzernen akkumulierten Finanzvermögens dämpften die Konsumnachfrage und ließen die Investitionen der Unternehmen massiv einbrechen. Gleichzeitig ging auch die Importnachfrage der rohstoffproduzierenden Länder dramatisch zurück.

Generell waren vom Rückgang der Nachfrage jene Güter am meisten betroffen, deren Anschaffung relativ kostspielig ist und leicht verschoben werden kann (Wohnbau, Investitionsgüter, dauerhafte Konsumgüter, insbesondere Pkw). Dementsprechend brachen Welthandel und Industrieproduktion ab Herbst 2008 bei Weitem am stärksten ein.

Die Wirtschaftspolitik reagierte auf die Krise mit massiven Rettungspaketen für die Banken und (einige große)

Versicherungen. Auf die Losung »Lassen wir unser Geld arbeiten!« folgte »Lasst uns unser Geld retten!«. Zusätzlich wurde eine extrem expansive Geld- und Fiskalpolitik praktiziert.

Die Politik hat also auf die Krise so reagiert, wie sie 1929 hätte reagieren sollen. Doch die Welt ist heute eine andere: Unter finanzkapitalistischen Rahmenbedingungen wirken primitiv-keynesianische Maßnahmen in vielen Fällen nur schwach oder sind sogar kontraproduktiv.

So sollten die niedrigen Zinsen die Kreditvergabe an Unternehmen und damit ihre Investitionstätigkeit stimulieren. Tatsächlich haben aber viele Banken das billige Geld bei der Notenbank aufgenommen, um noch exzessiver zu spekulieren oder durch Kauf von Staatspapieren eine satte Zinsspanne zu lukrieren. Auch die erheblichen Steuersenkungen konnten den Konsum nicht merklich stimulieren: Nicht zuletzt aus Verunsicherung über die künftigen Leistungen des Sozialstaats (insbesondere für Pensionen) haben die Haushalte die zusätzlichen Nettoeinkommen zu einem erheblichen Teil gespart.

Insgesamt waren die expansiven Impulse der Krisenbekämpfung im Vergleich zu der dafür in Kauf genommenen Budgetverschlechterung gering. Hauptgrund: Die systemischen Ursachen der großen Krise blieben weitgehend ausgeblendet.[3]

3. Die Ausblendung der systemischen Ursachen der großen Krise

Entsprechend der symptomorientierten Sichtweise der neoliberalen Eliten konzentriert sich die gängige Diagnose der großen Krise auf jenen Bereich, wo sie in Erscheinung trat, also auf die Banken, ihre fahrlässige Kreditvergabe,

die Profitgier ihrer Manager, die Verantwortungslosig-
keit der Rating-Agenturen sowie auf die Förderung dieses
(Fehl-)Verhaltens durch die viel zu expansive Zinspolitik
von US-Notenbankchef Greenspan und generell durch die
unzureichende staatliche Regulierung. Betont wird also in
erster Linie menschliches Versagen im Finanzsektor und
in der Politik. Folgerichtig bleiben all jene Entwicklungen
unbeachtet, die auf ein Versagen des finanzkapitalistischen Gesamtsystems hindeuten:

- Der Boom der Aktienkurse und Rohstoffpreise, der
  ein enormes Absturzpotenzial aufbaute sowie die Aufwertung des Euro bis Mitte 2008 und die nachfolgende
  Abwertung (Abb. 2 bis 6).
- Die dramatische Zunahme kurzfristiger Spekulation
  mit Finanzderivaten, insbesondere die geradezu groteske Expansion des Börsehandels mit solchen »Wett-
  scheinen« (Abb. 8, S. 56–57).
- Die Verwandlung der (großen) Banken – exempla-
  risch die Deutsche Bank – von Dienern der Realwirtschaft zu »Finanzalchemisten«.
- Die Illusion des »Lassen Sie Ihr Geld arbeiten« und die
  Schäden, die durch diese Losung angerichtet wurden.
- Die drei Jahrzehnte anhaltende Umverteilung von
  Einkommen und Vermögen – in funktioneller Sicht
  von der Arbeit zum Kapital, und innerhalb des Kapi-
  tals vom Real- zum Finanzkapital, in personeller Sicht
  von unten nach oben.[4])

Der wichtigste Grund, warum diese Krisenkomponen-
ten nicht wahrgenommen werden, liegt in der Vermeidung kognitiver Dissonanzen durch die Eliten. Würden
sie sich ihnen aussetzen, so müssten etwa Wirtschafts-
wissenschaftler folgende Hypothese prüfen: Märkte, die
dem optimalen Markt der Theorie am nächsten kommen, nämlich die Börsen für Finanzderivate, produzieren

systematisch »manisch-depressive« Schwankungen der Wechselkurse, Zinssätze, Aktienkurse und Rohstoffpreise, also falsche Preissignale (Abb. 1 bis 7). Dann aber würde das gesamte Weltbild ins Wanken geraten, das man in den letzten vier Jahrzehnten mühevoll restauriert hatte.

Um sich dieser kognitiven Dissonanz auszusetzen, ist die Krise noch nicht schwer genug. Und selbst wenn sie sich vertieft: Der Problemdruck, der ein Nachdenken befördert, tritt bei anderen auf, nicht bei jenen, deren Nachdenken eine radikale Überwindung des neoliberalen Weltbilds ermöglichen könnte. Also suchen die Mainstream-Ökonomen nach Krisenursachen, die dem Staat zugeschoben werden können: Er sei schuld an der Krise, weil er den Finanzsektor nicht wirksam reguliert habe, oder weil er in Gestalt des Notenbankchefs Greenspan das Geld zu billig gemacht habe (stellvertretend für viele Artikel mit dieser Tendenz: Taylor, 2009).

Das Haupthindernis einer raschen Überwindung der Krise liegt also in den Köpfen der »Experten«: Je stärker die »Beharrungstendenz ihres Meinungssystems« und je fester ihr Glaube an die kunstvoll ausgedachte »Harmonie der Täuschungen«, desto länger wird die Krise dauern (diese Begriffe habe ich dem großartigen Essay von Ludwik Fleck, 1935, entnommen). Denn die Politik kann sich nur wenig von jenem Zeitgeist lösen, den Wissenschaft und Medien vertreiben.

Im Folgenden werde ich mich auf die am meisten ausgeblendeten Krisenursachen konzentrieren, die »manisch-depressiven« Schwankungen von Aktienkursen, Rohstoffpreisen und Wechselkursen. Es sind dies die wichtigsten Preise, da sie in Raum und Zeit zwischen der Realwirtschaft und der Finanzwirtschaft »vermitteln« (sollen).

4. »Lassen Sie Ihr Geld arbeiten« als systemische Krisenursache

In der Prosperitätsphase der Nachkriegszeit lenkten die Rahmenbedingungen – feste Wechselkurse, stabile Rohstoffpreise, unter der Wachstumsrate liegende Zinssätze, stagnierende Aktienkurse – das Gewinnstreben auf realwirtschaftliche Aktivitäten. Wer sein Geld arbeiten lassen wollte, konnte dies nur über den Umweg der Realwirtschaft tun. insbesondere durch die Finanzierung von Investitionen.

Einfaches Beispiel: Jemand legt sein Geld auf einem Sparbuch an, die Bank verleiht es an einen Unternehmer, der den Kredit für den Erwerb eines Investitionsguts verwendet (Finanzkapital wird gewissermaßen in Realkapital verwandelt – dieser Prozess konnte auch durch eine Emission von Aktien ermöglicht/finanziert werden). Aus dem Mehrertrag durch die Investition bezahlt der Unternehmer den Zins, den sich Bank und Sparer teilen.

Dominiert diese Arbeitsform von Geld, so entwickelt sich ein Positiv-Summenspiel: Indem sich das Profitstreben auf die Realkapitalbildung konzentriert, wächst die Gesamtproduktion stetig. Die typische Tauschsequenz ist Geld – Ware – Geld – Ware etc. In einem solchen Regime spielt der Finanzsektor eine wesentliche Rolle als Vermittler von Finanz- und Realkapital, allerdings ist seine Rolle im Verhältnis zur Realwirtschaft eine dienende. Ich nenne die Spielanordnung, in der der Vermehrungsdrang von Finanzkapital systematisch auf die Realakkumulation gelenkt wird, Realkapitalismus (Schulmeister, 2004).

Versucht man, Geld selbstreferenziell zu vermehren, also durch Tausch unterschiedlicher Geldarten (Bankguthaben, Devisen, Aktien, Anleihen, Rohstoffderivate etc.), so ergibt sich die charakteristische Tauschsequenz: Geld

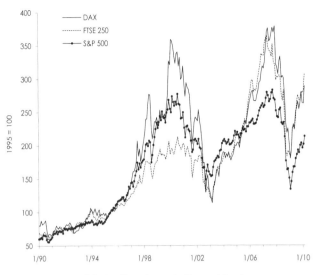

Abb. 3: Aktienkurse in Deutschland, Großbritannien und den USA

– Geld – Geld – Geld … – Geld wird Mittel zum Selbstzweck. Dabei sind zwei Arbeitsformen zu unterscheiden:
- Das schnelle Geld vermehrt sich durch das sehr kurzfristige Trading von Finanzinstrumenten aller Art wie Aktien, Anleihen oder Devisen, insbesondere aber von den entsprechenden Finanzderivaten (Futures, Optionen, Swaps, etc.).
- Das langsame Geld vermehrt sich durch Holding von Financial Assets, deren Wert während eines Bull Market steigt. In analoger Weise kann man von fallenden Kursen (Bear Market) durch Halten von Short Positions auf den Derivatmärkten profitieren.

Das schnelle Trading eines bestimmten Finanzinstruments (Geldart) stellt ein Nullsummenspiel dar, das heißt, es werden keine (realen) Werte geschaffen, sondern (monetäre) Werte umverteilt: Für einen einzelnen Spieler kann

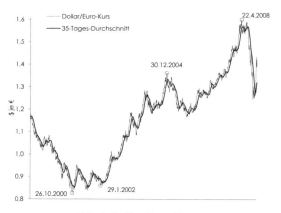

Abb. 4: Dollar-Euro-Kurs

das Geld auf diese Weise viel mehr Gewinn bringen als bei realwirtschaftlicher Veranlagung, aber nur deshalb, weil andere verlieren.

Wenn sich das Geld durch das »Ausreiten« eines Preistrends nach oben (Bull Market) vermehrt, so entstehen Bewertungsgewinne: Alle, die das entsprechende Asset besitzen, werden reicher und niemand wird ärmer. Allerdings hat diese wunderbare Geldvermehrung zwei Haken. Erstens: Die Bewertungsgewinne sind sehr ungleich verteilt: Wer früh einsteigt (tendenziell die Profis) gewinnt mehr als die Späteinsteiger (tendenziell die Amateure). Zweitens; Jeder über den realwirtschaftlich determinierten Fundamentalwert hinausschießende Bull Market zieht früher oder später einen Bear Market nach sich, durch den die überschießenden Bewertungsgewinne wieder eliminiert werden.

Beide (selbstreferenzielle) Arbeitsweisen von Geld stellen daher im Wesentlichen kurz- bzw. längerfristige Nullsummenspiele dar. Das ökonomische Gesamtsystem gewinnt nicht nur nicht, sondern es wird verlieren

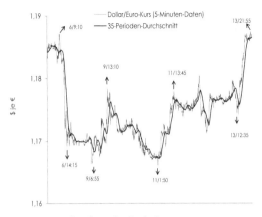

und technische Spekulationssysteme

(also eine schlechtere Performance aufweisen als unter realkapitalistischen Bedingungen), und zwar deshalb, weil Spekulation die wichtigsten Preise wie Wechselkurse, Rohstoffpreise und Aktienkurse destabilisiert. Die gesamte Spielanordnung, in der sich das Gewinnstreben auf selbstreferenzielle Geldvermehrung konzentriert, nenne ich Finanzkapitalismus.

Im Folgenden möchte ich an konkreten Beispielen zeigen, wie Geld durch kurzfristige Spekulation arbeitet und wie dadurch Bull Markets produziert werden, deren gleichzeitiger Zusammenbruch das dynamische Epizentrum der großen Krise darstellte.[5]

Der größte Anteil aller Finanztransaktionen entfällt auf den Handel mit Derivaten, insbesondere mit Futures und Optionen (Abb. 8, S. 56–57). Dies sind Wetten auf die künftige Entwicklung eines Preises/Kurses, sei es von Anleihen (Zinssätze), Aktien, Rohstoffen, Agrarprodukten oder Devisen (Wechselkurse). Dabei macht der »Wetteinsatz« nur einen Bruchteil des (Basis-)Werts aus.

Während die börsennotierten Derivate auch von Amateuren gehandelt werden, sind die bilateralen Finanzgeschäfte (Over-the-Counter-Transactions – OTC) den professionellen Tradern vorbehalten. Dies betrifft insbesondere Spot- und Terminkontrakte sowie Swaps bezogen auf Wechselkurse, Rohstoffpreise, Aktienkurse und Zinssätze.

All diesen Spot- und Derivattransaktionen sind zwei Merkmale gemeinsam: Erstens: Sie sind Wetten auf die künftige Entwicklung von Wechselkursen, Rohstoffpreisen, Aktienkursen und Zinssätzen. Zweitens: Sie stellen Umverteilungsspiele dar. Insofern ähnelt das Trading auf Finanzmärkten Casino-Spielen wie Roulette, die auch Nullsummenspiele sind. Allerdings bestimmt der Lauf der Kugel die wichtigsten Preise in der Weltwirtschaft. Überdies folgt er keinem Zufallsprozess, sondern hängt vom Spielverhalten der Teilnehmer ab.

Professionelle Trader basieren ihre Entscheidungen auf der Interpretation neuer Informationen (News), auf dem »Ausreiten« von Trends (Trend Followers) oder auf dem Wechsel in der Trendrichtung (Contrarian Trading). Im ersten Fall geht es darum, in Sekunden abzuschätzen, wie die anderen Marktteilnehmer auf eine Nachricht reagieren werden, die auf den Bildschirmen erscheint. Ist sie überraschend oder war sie schon »eingepreist«?

Beginnt der Kurs auf Grund echter News zu steigen, so generieren zuerst die verschiedenen Trend following Systems auf der Basis von Hochfrequenzdaten (z. B. Minuten-Kurse) eine Sequenz von Kaufsignalen. Ihre Exekution treibt den Kurs weiter nach oben, es folgen die Kaufsignale der langsameren technischen Modelle auf Basis von Stunden- oder Tagesdaten etc.

Abbildungen 4 und 5 (S. 37 bzw. 42) zeigen am Beispiel des Dollar/Euro-Wechselkurses bzw. des Ölpreises, wie selbst ein simples technisches Modell Kurstrends ausnützen kann, und zwar auf ganz unterschiedlichen Zeitskalen (Tages- bzw. Fünf-Minuten-Kurse): Wenn der aktuelle Kurs den gleitenden Durchschnitt von unten (oben) durchbricht, wird gekauft (verkauft).

Gleichzeitig verstärkt die Verwendung technischer Spekulationssysteme das Trending von Asset Prices, da sie alle der gleichen Logik folgen: In der ersten Phase eines Aufwärts-(Abwärts-)trends produzieren die Modelle Kauf-(Verkaufs-)signale, die schnellen Modelle früher, die langsamen später. Die Exekution dieser Signale verstärkt rückwirkend die Preisbewegung (Schulmeister, 2006, 2009B).

Zwei Effekte stellen nicht nur die wichtigsten langfristig wirksamen Ursachen für Arbeitslosigkeit und Staatsverschuldung dar (Schulmeister, 2007A), sondern auch für den »Aufbau« des Potenzials der neuen Weltwirtschaftskrise:

- Die Spekulation auf den Derivatmärkten sowie im Devisenhandel destabilisiert Wechselkurse, Rohstoffpreise (insbesondere den Ölpreis), Aktienkurse und Zinssätze.
- Die Instabilität dieser wichtigen Preise und die hohen Profitchancen von Finanzspekulation dämpfen die realwirtschaftlichen Aktivitäten von Unternehmen.

Auf welche Weise destabilisiert der Handel mit Derivaten die wichtigsten Preise in der Weltwirtschaft? Unterschiedliche Spieler benützen unterschiedliche Spekulationssysteme, angewendet auf unterschiedlichen Zeitskalen (von Zehn-Sekunden-Kursen bis zu Tageskursen). Die Konzentration von Kaufsignalen der News based Trader am Beginn eines Aufwärtstrends gibt dem Preis einen ersten Schub, die nachfolgenden Kauforders der Trend Followers verstärken und verlängern den Trend. Hat er an Dynamik verloren, so lassen ihn die Verkaufssignale der Contrarians gemeinsam mit neuen News kippen (Schulmeister, 2006, 2008, 2010).

Das Phänomen solcher Kursschübe lässt sich auf jeder Zeitskala beobachten. Aus ihrem Zusammenwirken ergeben sich mehrjährige Trends (Schulmeister, 2008): Minutentrends in die gleiche Richtung, unterbrochen von kürzeren Gegenbewegungen, addieren sich zu einem Stundentrend, mehrere Stundentrends zu Tagestrends usf. Insgesamt ergibt sich daraus die für alle Asset Prices typische Abfolge von Kursschüben: Sie dauern für einige Zeit in eine Richtung länger als die Gegenbewegungen und erzeugen so stufenweise Auf- oder Abwärtsprozesse, also mehrjährige Bull Markets und Bear Markets (Abb. 1 bis 7). Deren Abfolge ergibt das typische Muster der langfristigen Dynamik spekulativer Preise: Sie schwanken in »manisch-depressiven« Zyklen um den Bereich des realwirtschaftlichen Gleichgewichts ohne eine Tendenz, zu diesem Gleichgewicht zu konvergieren.

Fazit: Die immer schnellere Spekulation hat nicht nur die Transaktionen auf den Finanzmärkten fast explosiv steigen lassen (Abb. 8, S. 56–57), sondern gleichzeitig die Aktienkurse, Rohstoffpreise und den Eurokurs bis Mitte 2008 in die Höhe getrieben (»manische« Phase). Dadurch wurde das Potenzial für die große Krise aufgebaut (gemeinsam mit dem Boom der Immobilienpreise). Diese breitete sich durch den synchronen Entwertungsprozess der Aktien-, Immobilien- und Rohstoffvermögen immer mehr aus (»depressive« Phase).

5. Realkapitalismus und Finanzkapitalismus

Die Nachkriegsgeschichte wurde von zwei gegensätzlichen Formen einer kapitalistischen Marktwirtschaft geprägt, von Realkapitalismus und Finanzkapitalismus. Die Aufschwungsphase des langen Zyklus wird von realkapitalistischen Rahmenbedingungen geprägt, die Abschwungsphase vom Finanzkapitalismus (Schulmeister, 1998, 2004).

Die wichtigsten Komponenten bzw. Merkmale des Realkapitalismus sind (Übersicht S. 44):

- Dominanz eines Interessenbündnisses zwischen Arbeit und Realkapital, die Interessen des Finanzkapitals sind ruhiggestellt.
- Das Verhältnis zwischen Unternehmerschaft und Gewerkschaften ist durch eine enge Zusammenarbeit charakterisiert.
- Staat und Markt, Konkurrenz und Kooperation werden als einander ergänzende Steuerungssysteme begriffen.
- Die Wirtschafts- und Sozialpolitik hat mehrere Ziele im Visier, insbesondere Vollbeschäftigung, ein hohes Wirtschaftswachstum und soziale Sicherheit.
- Die Dominanz systemischer Wirtschaftstheorien, welche die Anfälligkeit einer kapitalistischen Wirtschaft für schwere Krisen berücksichtigen (wie der Keynesianismus).
- Der Hauptansatz zur Diagnose und Therapie ökonomischer Probleme ist im Keynesianismus systemisch: Man versucht, Probleme aus der Interaktion verschiedener Märkte und Akteure zu begreifen, insbesondere in ihrer Gesamtheit (im Aggregat).
- Die Finanzierungsbedingungen fördern die Realwirtschaft: Der Zinssatz wird von den Notenbanken stabil und auf einem unter der Wachstumsrate liegenden Niveau gehalten, die Wechselkurse sind fest, die Rohstoffpreise stabil.
- Die Rahmenbedingungen werden durch die Politik also so gesetzt, dass sich Vermögen am besten durch realwirtschaftliche Aktivitäten vermehren lassen.
- Der Realkapitalismus kann deshalb als ein Spiel an-

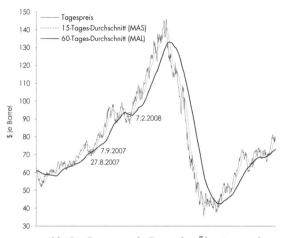

Abb. 5: »Boom« und »Bust« des Ölpreises und technische Handelssignale

gesehen werden, bei dem der Gesamtkuchen notwendigerweise wächst. Ein solches Positivsummenspiel mildert Verteilungskonflikte erheblich.

Die Kombination von Markt und Staat, von Konkurrenz und Kooperation, von individueller Entfaltung und sozialer Verantwortung, und damit der Versuch einer Integration gesellschaftlicher Gegensätze, prägte die Prosperitätsphase der Nachkriegszeit. Diese Transformation des »hässlichen Kapitalismus« der 1930er Jahre war Resultat des Lernens aus der Weltwirtschaftskrise, zusätzlich gefördert durch den Kalten Krieg.

In politökonomischer Hinsicht lässt sich feststellen: Der Realkapitalismus stellt ein Regime dar, in dem das gemeinsame ökonomische Interesse von Realkapital und Arbeit den Gegensatz ihrer politischen Interessen überwiegt.

Die meisten Merkmale des Finanzkapitalismus sind jenen des Realkapitalismus direkt entgegengesetzt und bedürfen daher keiner Kommentierung (Übersicht 1). Einzelne Elemente sollen ergänzend erläutert werden:

- Das »Interessenbündnis« zwischen Real- und Finanzkapital manifestiert sich nicht nur in der Entfesselung der Finanzmärkte, sondern auch in den wirtschaftspolitischen Hauptzielen der Geldwertstabilität, solider Staatsfinanzen und einer sinkenden Staatsquote (alles genuine Finanzkapitalinteressen).
- Das politische Hauptziel von Real- und Finanzkapital, Sozialstaat und Gewerkschaften zu schwächen, wird durch den Neoliberalismus wissenschaftlich legitimiert.
- Diese auch von den Unternehmern (noch mehr von ihren Vertretern) übernommene Weltanschauung und die darauf basierende Politik von Sozialabbau und Deregulierung verursacht eine zunehmende Entfremdung zwischen den Sozialpartnern.
- Die Verlagerung der wirtschaftspolitischen Macht von den Regierungen zu den Notenbanken kommt in Europa insbesondere in der Machtausstattung der Europäischen Zentralbank zum Ausdruck.
- Die von den Notenbanken praktizierte Geldpolitik führt dazu, dass das Zinsniveau die gesamtwirtschaftliche Wachstumsrate übersteigt. Dies verschlechtert die Finanzierungsbedingungen für die Unternehmen und den Staat nachhaltig.
- Schwankende Wechselkurse und Rohstoffpreise, über der Wachstumsrate liegende Zinssätze und zunehmende Gewinnchancen kurzfristiger Finanzspekulation dämpfen das Wachstum der Realinvestitionen und damit der Gesamtwirtschaft.
- Der Neoliberalismus wurde somit nicht durch die Popularität seiner Forderungen geschichtsmächtig, sondern durch die Hintertür der Entfesselung der Finanzmärkte: Diese ließ Arbeitslosigkeit und Staatsverschuldung steigen, Sozialabbau und Deregulierung wurden zu »Sachzwängen«.

	Realkapitalismus	Finanzkapitalismus
Implizites Bündnis	Arbeit & Realkapital	Realkapital & Finanzkapital
Unternehmer/ Gewerkschaften	Korporatismus	Konflikt
Staat/Markt	Komplementär	Antagonistisch
Wirtschaftspolitische Ziele	Vollbeschäftigung, Wirtschaftswachstum, soziale Sicherheit, Geldwertstabilität	Geldwertstabilität, »solide« Staatsfinanzen, sinkende Staatsquote, Regelbindung der Politik, Wettbewerbsfähigkeit der nationalen Volkswirtschaft
Wirtschaftspolitisches »Machtzentrum«	Regierungen	Notenbanken
Wirtschaftswissenschaftliches Modell	Keynesianismus	Monetarismus Neoliberalismus
Diagnose/Therapie	Systemisch	Symptomorientiert
Finanzielle Rahmenbedingungen	Zinssatz<Wachstumsrate ruhige Aktienmärkte, stabile Wechselkurse und Rohstoffpreise	Zinssatz>Wachstumsrate, Boom und Bust auf Aktienmärkten, instabile Wechselkurse und Rohstoffpreise
Gewinnstreben fokussiert auf	Realwirtschaft (Positivsummenspiel)	Finanzwirtschaft (Nullsummenspiel)
Relativ begünstigt sind	Schuldner-(sektoren)	Gläubiger-(sektoren)
Dominanz der Institutionen der Kapitalvermehrung	Industrie / nationale und internationale Gütermärkte	Finanzsektor / nationale und internationale Finanzmärkte
Wirtschaftsmodell	Soziale und regulierte Marktwirtschaft	(Reine) Marktwirtschaft
Gesellschaftspolitische Ziele	Chancengleichheit, individuelle Entfaltung, sozialer Zusammenhalt	Rahmenbedingungen schaffen für: »Jeder ist seines Glückes Schmied«
Fokus der Globalisierung	Monetäre Rahmenbedingen (stabiles Weltwährungssystem), Regulierung der Finanzmärkte, Liberalisierung der Gütermärkte, (GATT), kooperative Wachstumsstrategien (Marshallplan, Entwicklungshilfe)	De-Globalisierung des »Systems Politik«, Deregulierung und Globalisierung der Finanzmärkte

Übersicht 1: Realkapitalismus und Finanzkapitalismus

In politökonomischer Hinsicht gilt: Der Finanzkapitalismus stellt ein Regime dar, in dem das gemeinsame politische Interesse von Real- und Finanzkapital an einer Schwächung von Gewerkschaften und Sozialstaat einen größeren Stellenwert hat als der Gegensatz ihrer ökonomischen Interessen.[6])

6. Die große Krise im politökonomischen Entwicklungszyklus

Um die Position der gegenwärtigen Krise im letzten langen Zyklus zu skizzieren, möchte ich zunächst zeigen, wie das Lernen aus der Weltwirtschaftskrise der 1930er Jahre zur Etablierung realkapitalistischer Rahmenbedingungen und damit zur Prosperitätsphase führte, und wie dieses Wirtschaftswunder durch seinen Erfolg den Boden für einen Wechsel zur finanzkapitalistischen Abschwungsphase bereitete (Schulmeister, 1998, 2004)[7]:

- Finanzkapitalistische Rahmenbedingungen in den 1920er Jahren (vom Aktienboom bis zur Dominanz der neoklassischen Wirtschaftstheorie) bauten das Potenzial für die Weltwirtschaftskrise auf, ausgelöst durch den Börsenkrach von 1929.
- Die Depression der 1930er Jahre markiert die Talsohle des langen Zyklus. Ihre Folgen waren verheerend. Dementsprechend radikal fiel die Aufarbeitung der Krise aus.
- Diese erbrachte eine neue Wirtschaftstheorie (Keynesianismus) und eine darauf aufbauende Neugestaltung des Verhältnisses von Markt und Staat. Auch das Verhältnis von Güter- und Finanzmärkten wurde neu gestaltet, Erstere liberalisiert, Letztere reguliert.
- Damit waren die Rahmenbedingungen für die real-

kapitalistische Phase des langen Zyklus geschaffen. Politisch abgesichert wurde dieses Regime durch den großen Konsens zwischen Arbeit und Realkapital auf Basis der Sozialen Marktwirtschaft.

- Hohes Wirtschaftswachstum, Ausbau des Sozialstaats und anhaltende Vollbeschäftigung zogen in den 1960er Jahren eine langsame, aber stetige Machtverlagerung zugunsten der Gewerkschaften (und der Sozialdemokratie) nach sich. Die damit verbundene Umverteilung von den Gewinnen zu den Löhnen, die massive Zunahme von Streiks, die Forderung nach immer mehr Mitbestimmung, das Jahr 1968 und die drohende Abwanderung der Intellektuellen ins linke Lager, all dies trug wesentlich zur Abkehr der Unternehmer vom Interessebündnis mit der Arbeit bei.

Mit bewundernswerter Energie und Ausdauer bereiten die (damaligen) Außenseiter Friedman und Hayek schon ab den 1950er Jahren die neoliberale Gegenoffensive vor (Hayek sogar schon früher). Hauptangriffspunkte waren:

- Die Regulierung der Finanzmärkte, insbesondere im Zusammenhang mit der Debatte um flexible versus feste Wechselkurse.
- Die (langfristige) Ineffizienz bzw. Schädlichkeit von Vollbeschäftigungspolitik (Phillips-Kurven-Debatte).

Mit seiner Presidential Address bei der American Economic Association begann Milton Friedman 1968 mit der Generaloffensive gegen Keynesianismus, Vollbeschäftigungspolitik, Sozialstaat und Gewerkschaften. Sie wurde dadurch gefördert, dass der Erfolg des Realkapitalismus das Bündnis Arbeit–Realkapital unterminiert hatte: Bei Vollbeschäftigung nahmen die Streiks zu, die Lohnquote stieg massiv, immer mehr Mitbestimmung wurde verlangt, links wurde schick unter Intellektuellen, die Sozialdemokratie bekam Aufwind etc. All dies verstörte die Unternehmer immer mehr.

Die neoliberalen Masterminds holten die Vermögenden in ihrer Irritation gewissermaßen ab, indem sie die übermächtigen Gewerkschaften und den ausufernden Sozialstaat zu Hauptübeln erklären und Modelle konstruieren, die dies wissenschaftlich bewiesen. Dabei entwickelten sie eine geniale Doppelstrategie:

- *Schritt A:* Auf Grund wissenschaftlicher Empfehlungen werden Probleme geschaffen.
- *Schritt B:* Diese werden so gedeutet, dass die Schlussfolgerung in den Dienst eines neuen Schrittes neoliberaler Propaganda gestellt werden kann.

Einige Beispiele für diesen neoliberalen Wechselschritt:

Schritt 1A: Jahrelang hatten Friedman und Hayek für die Aufgabe des Systems fester Wechselkurse gekämpft, 1971 war es so weit. In der Folge verliert der Dollar 25 Prozent an Wert. Im Herbst 1973 reagieren die Erdölexporteure darauf mit dem ersten Ölpreisschock, die Inflation steigt, die Weltwirtschaft schlittert in eine Rezession, die Arbeitslosigkeit nimmt zu.

Schritt 1B: Diese Konstellation interpretieren die neoliberalen Masterminds als Widerlegung der Phillips-Kurve und damit des Keynesianismus. Eine geniale Fehlinterpretation, weil die Theorie der Phillips-Kurve nur für eine geschlossene Wirtschaft entwickelt wurde.

Schritt 2A: Zwischen 1976 und 1978 verliert der Dollar wieder 25 Prozent an Wert, 1979 kommt es zum zweiten Ölpreisschock und damit neuerlich zu einer Rezession samt massiver Inflationsbeschleunigung.

Schritt 2B: Dies veranlasst die Notenbanken zu einer massiven Hochzinspolitik, seither liegt der Zinssatz nahezu permanent über der Wachstumsrate (in den USA wurde dies allerdings vor 20 Jahren korrigiert).

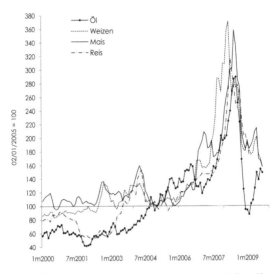

Abb. 6: Dynamik der Futures-Preise von Rohstoffen

Schritt 3A: Die neoliberale Deregulierung der Finanzmärkte bringt in den 1980er Jahren unzählige Finanzinnovationen (Derivate aller Art) hervor, sie erleichtern die Spekulation mit Aktien, Rohstoffpreisen, Zinssätzen und Wechselkursen, die Instabilität dieser Preise steigt.

Schritt 3B: Dies sowie das positive Zins-Wachstums-Differenzial veranlassen immer mehr nicht finanzielle Konzerne, statt in Realkapital zu investieren in Finanzkapital zu veranlagen. Dies dämpft das Wirtschaftswachstum nachhaltig, Arbeitslosigkeit und Staatsverschuldung steigen.

Schritt 4A: Dies lässt die Eliten in Europa Anfang der 1990er Jahre wach werden: So kann es nicht weitergehen, der Staat muss sparen (Maastricht-Kriterien).

Schritt 4B: Die Sparpolitik dämpft den Konsum nachhaltig und damit auch das Wirtschaftswachstum, am meisten in jenen Ländern, wo die Staatsquote am stärksten gesenkt wird, insbesondere in Deutschland. In der Folge steigt die Arbeitslosigkeit bis 1997 massiv an.

Schritt 5A: Hohe Arbeitslosigkeit, die Schwächung des Sozialstaats und boomende Finanzmärkte machen die Verteilung von Einkommen und Vermögen immer ungleicher, sowohl zwischen Arbeit, Realkpapital und Finanzkapital (funktionelle Verteilung), als auch zwischen unten und oben (personelle Verteilung).

Schritt 5B: Die Zunahme der Ungleichheit in der Verteilung dämpft die Konsumnachfrage, die hohen Renditen auf Finanzveranlagung und -spekulation dämpfen die Realinvestitionen der Unternehmen, beides verstärkt die Stagnationstendenz. Statt normaler Arbeitsplätze werden immer mehr atypische Jobs geschaffen.

Schritt 6A: Die hohe Arbeitslosigkeit und der massive Anstieg atypischer Beschäftigungen aller Art lassen die Armut steigen und belasten die Sozialbudgets. Weitere Kürzungen sind die Folge, insbesondere im Bereich der sozialstaatlichen Altersversorgung und der Arbeitslosenversicherung (Hartz IV etc).

Schritt 6B: Der von ihnen selbst (mit) abgebaute Sozialstaat wird von den neoliberalen Ökonomen (nunmehr die große Mehrheit) als Beweis dafür angeführt, dass man individuell vorsorgen muss, insbesondere für die Rente/ Pension.

Schritt 7A: Die Expansion der Pensionsfonds nährt den Aktienboom der 1990er Jahre und verstärkt nach der Korrektur 2001/2003 einen weiteren Boom, der Ende 2007 kollabiert.

Schritt 7B: »Strukturelle« Gewinner dieser Versuche, Geld arbeiten zu lassen, sind die Profis im Finanzsektor. Ihre Aktivitäten sind es, die von den neoliberalen Masterminds wissenschaftlich legitimiert worden waren.

Schritt 8A: Nach der Korrektur 2001/2003 brachte die

Hochblüte der »Finanzalchemie« immer mehr und immer komplexere Produkte auf den Markt, mit denen man – bei geschicktem Einsatz – aus Geld (viel) mehr Geld machen konnte. Die Collateral Debt Obligations (CDOs) und die Credit Default Swaps (CDSs) boomten besonders stark.

Schritt 8B: Die CDOs in Gestalt der Mortgage Backed Securities (MBSs) trugen wesentlich zum Ausmaß des Preis- und Investitionsboom am US-Immobilienmarkt bei, dessen Zusammenbruch die große Krise auslöste. Die CDOs verschärften die Finanzkrise und erleichterten den »Finanzalchemisten« in der Folge die Spekulation auf den Bankrott einzelner Staaten.

Schritt 9A: Durch die Expansion des Finanzsektors sind seine wichtigsten Akteure so groß geworden, dass sie bei drohender Inslovenz gerettet werden müssen (»too big to fail«).

Schritt 9B: Darauf vertrauend intensivieren die »Finanzalchemisten« die selbstreferenzielle Geldvermehrung. Sie können dafür nicht nur Teile jener Mittel verwenden, die zu ihrer Rettung aufgebracht wurden, sondern profitieren auch von den extrem niedrigen Leitzinsen, mit denen die Notenbanken eigentlich die Kredite für die Realwirtschaft verbilligen wollten.

Nun stehen wir vor dem Finale furioso in der Abfolge neoliberaler Wechselschritte:

Schritt 10A: Über drei Jahrzehnte hat die Umsetzung der neoliberalen Empfehlungen die bedrückendsten Probleme anwachsen lassen, insbesondere Arbeitslosigkeit, Staatsverschuldung, soziale Ungleichheit, aber auch die Verschlechterung der Umweltbedingungen. Gleichzeitig hat das »Lassen Sie Ihr Geld arbeiten« das Potenzial für die große Krise aufgebaut.

Schritt 10B: Die Mainstream-Ökonomen fordern nun zur Bewältigung der Krise jene Therapien ein, die Teil der Krankheit sind: Senkung der Staatsausgaben, umfassende Privatisierung, Schonung der Finanzvermögen, keine Erhöhung des Spitzensteuersatzes oder sonstiger Beiträge der Bestverdiener (Leistungsträger).

Sollten diese Maßnahmen tatsächlich umgesetzt werden (tatsächlich ist dies in Europa beschlossene Sache, in einigen Ländern sind massive Sparprogramme schon in Kraft getreten – die USA, aber auch China denken nicht daran, die Wirtschaft auf diese Art zu beeinträchtigen), so werden die neoliberalen Ökonomen jene Probleme, die in hohem Maß durch ihre Empfehlungen verursacht wurden, ausnützen können, um ihre politischen Intentionen noch stärker durchzusetzen (ein letztes Mal für lange Zeit):

- Schwächung des (Sozial-)Staats.
- Weitere Privatisierung.
- Auseinanderdividieren von Unternehmerverbänden und Gewerkschaften.

Im Falle der Umsetzung einer primär ausgabenseitigen Konsolidierung werden nunmehr alle Sektoren versuchen, ihre Lage durch Verbesserung ihres Finanzierungssaldos abzusichern:

- Ein weiterer Rückzug des Staates wird die Haushalte veranlassen, individuell vorzusorgen, also mehr zu sparen.
- Die Unternehmen werden angesichts schwacher Nachfrage der öffentlichen und privaten Haushalte, mäßiger Exportentwicklung und relativ hoher Kreditkosten ihre Investitionskredite eher weiter reduzieren als ausweiten.
- Auch das jeweilige Ausland versucht, seine Leistungsbilanz zu verbessern, innerhalb Europas insbesondere die Mittelmeerländer, auf globaler Ebene insbesondere die USA.

Diese Konstellation ist der Stoff, aus dem sich Depressionen entwickeln – und wir stehen ja erst am Anfang der

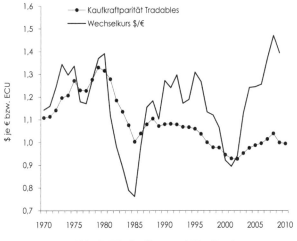

Abb. 7: Wechselkurs und Kaufkraftparität

Talsohle im langfristigen Entwicklungszyklus (gewissermaßen analog zu 1931: »Recovery is just around the corner«). Weil eine gleichzeitige und massive Haushaltskonsolidierung in allen EU-Ländern derzeit die größte Gefahr dafür darstellt, dass sich die große Krise vertieft, möchte ich dieses Problem näher untersuchen.

7. Die neoliberalen Standardempfehlungen zur Budgetkonsolidierung

Seit den frühen 1990er Jahren dominieren in der EU folgende Leitlinien zur Rückführung von Haushaltsdefizit und Staatsschuldenquote:
- Die Konsolidierung soll in erster Linie durch eine konsequente Sparpolitik erfolgen, also durch Kürzung der Staatsausgaben.
- Am stärksten werden jene Ausgaben reduziert, wel-

che die Anreize zu Arbeitslosigkeit stärken bzw. die Eigenvorsorge hemmen, also Ausgaben für Arbeitslose und Pensionisten.

- Auch Einsparungen im öffentlichen Dienst werden empfohlen, nicht zuletzt, um die Effizienz der staatlichen Verwaltung zu erhöhen.
- Eine Streichung der Subventionen für Unternehmen würde nicht nur die Budgets entlasten, sondern gleichzeitig die durch solche Eingriffe in freie Märkte verursachten Verzerrungen von Wettbewerbsbedingungen und Preisen eliminieren.
- Wenn ergänzende Steuererhöhungen unvermeidbar sind, dann sollten keinesfalls solche durchgeführt werden, welche die Leistungsanreize mindern: Die hohen Einkommen und Vermögen der »Leistungsträger« dürfen nicht zusätzlich belastet werden.
- Auch umfassende Privatisierungen werden empfohlen, vom Verkauf staatlicher Beteiligungen an Industrieunternehmen und Banken bis zu den Dienstleistungen der Daseinsvorsorge (Post, Verkehr, Energieversorgung, Müllabfuhr, Telefonie etc.).

Die Reduktion von Budgetdefizit und Staatsquote würde durch Absenken der öffentlichen Nachfrage sowie von Sozialtransfers den privaten Sektor expandieren lassen (»Mehr privat, weniger Staat«), nicht zuletzt wegen der Aussicht auf niedrigere Steuern (»Mehr Geld in den Taschen der Bürger« – in der Sprache der Wissenschaft: Ricardianische Effekte).

All diese Empfehlungen und Erwartungen sind eingebettet in das neoliberale Weltbild: Der freie Markt kann am besten bestimmen, was, wie und für wen produziert wird, daher soll sich der Staat auf seine Kernaufgaben zurückziehen. Nach der Finanzkrise, die durch die freiesten Märkte und die privatesten Akteure verursacht wur-

de, müssen die neoliberalen Leitlinien für eine Budgetkonsolidierung radikal in Frage gestellt werden.

8. Kritik der neoliberalen Budgetpolitik

Die Kritik an den neoliberalen Empfehlungen für eine
Konsolidierung der Staatsfinanzen fasse ich in zehn Thesen zusammen.

These 1: Neoliberale Budgetpolitik erhöht die soziale Ungleichheit und dämpft Konsum und Investitionen.

Ausgabenseitige Budgetsanierung bedeutet: Es müssen nur jene etwas beitragen, die (bisher) vom Staat etwas
bekommen haben, indem sie dann eben weniger bekommen. Folglich gilt grosso modo: Bei einer ausgabenseitigen Konsolidierung ist der Beitrag eines Haushalts umso
kleiner, je höher seine Einkommen und Vermögen sind.

Indem eine Haushaltskonsolidierung die sozial Schwä-
cheren relativ stärker belastet als die Vermögenden, wird
die Konsumnachfrage strukturell gedämpft, und indirekt
auch die Investitionsdynamik. Denn diese hängt wesentlich von den Umsätzen bzw. den Umsatzerwartungen der
Unternehmen ab.

These 2: Neoliberale Budgetpolitik belastet die Opfer
der Krise, nicht aber ihre Hauptverursacher.

Die Finanzkrise hat den Staatshaushalt massiv belastet
und gleichzeitig die Lage von Unternehmen und Arbeitnehmern dramatisch verschlechtert. Hauptgrund: Finanzvermögen hat jahrelang versucht, sich selbstreferenziell
zu vermehren (unter Umgehung der Realwirtschaft) und
so das Potenzial für die große Krise aufgebaut. Nun aber
sollen laut den neoliberalen Budgetempfehlungen im Wesentlichen nur Unternehmer, Arbeitnehmer, Arbeitslose
und Pensionisten Konsolidierungsbeiträge leisten.

These 3: Die Hauptbegünstigten der Rettungspakete für die Banken müssen keinen nennenswerten Konsolidierungsbeitrag leisten.

Die Maßnahmen der Staaten haben (weltweit) die Finanzvermögen gerettet. Die Hauptnutznießer der dadurch in Kauf genommenen Budgetverschlechterung brauchen nach den Mainstream-Empfehlungen keinen nennenswerten Beitrag zur Konsolidierung leisten, da diese in erster Linie durch Sparmaßnahmen erfolgen soll.[8]

These 4: Damit die großen Finanzvermögen in Österreich einen spürbaren Konsolidierungsbeitrag leisten können, muss die Besteuerung der Privatstiftungen geändert werden.

In diesen Stiftungen liegen etwa 60 Milliarden Euro, davon circa 65 Prozent in Finanzvermögen angelegt (einschließlich Aktien). Die effektive Steuerbelastung der Stiftungserträge liegt weit unter fünf Prozent, sie ist umso kleiner, je reicher die Stiftung ist (die größten Stiftungen zahlen weit weniger als ein Prozent). Wenn sie auch nur wie Normalbürger auf alle Erträge 25 Prozent KEST zahlten, brächte dies circa eine Milliarde Euro. Dies würde das Sparen senken, nicht aber den Konsum (eine Verlagerung des Vermögens ins Ausland käme sehr teuer, der gesamte Wertzuwachs würde mit 25 Prozent besteuert – »Mausefalleneffekt«).

Mir geht es dabei nicht um einen Verteilungskrieg, sondern um einen Appell an die (sehr) Reichen, dass sie doch auch Mitglied »unseres Vereins« sind und daher in der krisenbedingten Notlage der Staatsfinanzen einen größeren Beitrag leisten mögen.

These 5: Die neoliberale Budgetkonsolidierung basiert auf der Symptomdiagnose »Der Schuldner ist schuld« und vernachlässigt deshalb die beiden wichtigsten makroökonomischen Bedingungen für eine erfolgreiche Sa-

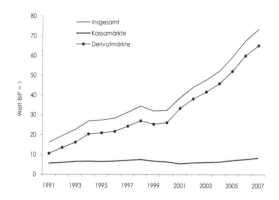

Abb. 8 (links und rechts): Transaktionsvolumen auf den globalen Finanzmärkten

nierung der Staatsfinanzen, das intersektorale und das intertemporale Gleichgewicht.

Konkret lautet die Symptomdiagnose hoher Staatsschulden: Wir haben über unsere Verhältnisse gelebt und müssen nun den Gürtel enger schnallen (wer ist »wir«?). Tatsächlich lebt etwa die deutsche Wirtschaft seit 35 Jahren unter ihren Verhältnissen: Es wird viel weniger nachgefragt als produziert werden könnte, daher gibt es Arbeitslosigkeit, Kurzarbeit und unausgelastetes Realkapital.

In systemischer Sicht liegt der Hauptgrund für steigende Staatsverschuldung in den finanzkapitalistischen Rahmenbedingungen auf Grund neoliberaler Empfehlung (»Haltet den Dieb!«): Bei instabilen Wechselkursen, Rohstoffpreisen, Aktienkursen und Zinssätzen senkten die Unternehmen ihre Realinvestitionen und damit ihr Finanzierungsdefizit. Die privaten Haushalte sparten aber fleißig weiter, ihr Überschuss blieb hoch. Damit musste der Staat langfristig ein höheres Defizit erleiden (durch höhere Arbeitslosigkeit und geringere Steuereinnahmen). Einzelnen Ländern wie Deutschland mag es gelingen, einen Teil des Problems ins Ausland (den vierten Sek-

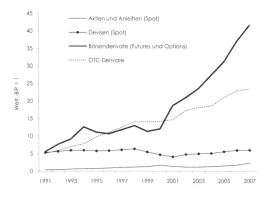

tor) zu verschieben, indem man selbst einen (Leistungsbilanz-)Überschuss erzielt, aber dann haben eben die anderen Länder ein höheres Defizit.

Überdies liegt der Zinssatz seit 30 Jahren über der Wachstumsrate. Bei dieser Konstellation dürfen die Schuldnersektoren Unternehmen und Staat nur weniger Kredite aufnehmen als sie an Zinsen für die Altschulden zu bezahlen haben, sonst wachsen ihre Schulden rascher als das BIP – sie müssen also Primärüberschüsse erzielen. Die Unternehmen drehten daher schon vor 30 Jahren ihren Primärsaldo in einen Überschuss, und zwar durch Senkung der Realinvestitionen. Aber auch die Haushalte erziel(t)en weiterhin Primärüberschüsse: Sie sparten (viel) mehr als ihre Zinserträge. So konnte es dem Staat nicht gelingen, selbst langfristige Primärüberschüsse zu erzielen. Also musste die Staatsschuldenquote steigen.

Fazit: Der Staat hat es allein nicht in der Hand, seinen Haushaltssaldo und seine Schuldenquote zu bestimmen, diese sind Resultat der Interaktion aller Sektoren, konkret der finanzkapitalistischen Spielanordnung. Die neoliberalen Geistesgrößen aber denken schlicht: »Der Schuldner ist schuld.« Dieser – gut gemeinte – Unsinn wurde im Stabilitäts- und Wachstumspakt der EU verewigt und soll nun ausgeweitet werden.

Also müssen jetzt alle EU-Staaten sparen und gemeinsam die Krise vertiefen: Die Unternehmer sind ja noch keinesfalls bereit, ihre Investitionen stark auszuweiten, die Haushalte sparen eher mehr als weniger (auch aus Angst vor Sozialabbau), und die Leistungsbilanzüberschüsse gehen zurück. Konkret: Die den Club-Med-Ländern verordneten Super-Sparpakete werden besonders die deutschen Exporte in diese Region einbrechen lassen (der gestrenge Weltmeister hat am meisten zu verlieren). Gleichzeitig schwächen sich auch die Importe der USA und von China ab (dort bricht gerade der Immobilien- und Aktienboom zusammen). Im Klartext: Alle Sektoren versuchen nun zu sparen, wenn dann der Stabilitätspakt noch verschärft wird, werden wir uns gegenseitig in eine Depression geißeln (»Sparst du an mir, spar ich an dir«).

Die Relevanz des systemischen Ansatzes zur Erklärung der Staatsverschuldung wird durch die Entwicklung in der Prosperitätsphase der Nachkriegszeit – gewissermaßen ex contrario – bestätigt. Damals wurde das Gewinnstreben systematisch auf die Realwirtschaft gelenkt, auf den Finanzmärkten war nichts zu holen. Gleichzeitig wollten die Menschen permanent über ihre Verhältnisse leben, also jedes Jahr mehr kaufen als im letzten. Der stete Anstieg der Nachfrage machte wiederum das Produzieren für die Unternehmer (höchst) profitabel.

Makroökonomisch bedeutete dies: Der Unternehmenssektor übernahm das Sparen der Haushalte (Überschüsse) in Form von Investitionskrediten (Defizit) und verwandelte es in Realkapital und Arbeitsplätze. So konnte der Staat einen ausgeglichenen Haushalt aufweisen oder sogar Überschüsse, nicht zuletzt, weil sich auch die Leistungsbilanz verbesserte (die Summe aller vier Finanzierungssalden einer Wirtschaft ist null). Bei einem weit unter der Wachstumsrate liegenden Zinsniveau ging die Staatsschuldenquote zwanzig Jahre lang zurück, obwohl/ weil der Sozialstaat stetig ausgebaut wurde.

Fazit: Für eine systemisch orientierte und daher nachhaltig erfolgreiche Sanierung der Staatsfinanzen müssen folgende zwei Bedingungen gleichzeitig erfüllt sein, und zwar ex ante (in den Planungen/Erwartungen der Akteure):

- Intersektorales Gleichgewicht: Das Haushaltsdefizit darf nur in dem Ausmaß verringert werden, in dem die Unternehmen bereit sind, ihr Defizit durch zusätzliche Investitionskredite auszuweiten, oder in dem Ausmaß, in dem die Haushalte ihren Finanzierungsüberschuss (Sparen) senken (durch zusätzlichen Konsum oder durch Transferierung eines Teils des Sparens an den Staat in Form von Konsolidierungsbeiträgen der Reichen). Die dritte Möglichkeit, nämlich die eigene Leistungsbilanz zu verbessern und so einen Teil des Problems ans Ausland abzutreten, hat in einem großen Wirtschaftsraum wie der EU27 dann keine Relevanz, wenn es gilt, die Staatsverschuldung in der gesamten Region zu verringern.

- Intertemporales Gleichgewicht: Liegt der Zinssatz über der Wachstumsrate, so müssen die Schuldnersektoren Unternehmen und Staat einen Primärüberschuss aufweisen (sonst wachsen ihre Schulden rascher als das BIP), sie dürfen also nur weniger Kredite aufnehmen als sie an Zinsen für die schon bestehenden Schulden zu bezahlen haben. Unter dieser Bedingung müssen die privaten Haushalte ein Primärdefizit aufweisen, also weniger sparen, als sie an Zinserträgen lukrieren. Im Klartext: Sie müssen mehr als ihr gesamtes Lohn- und Gewinneinkommen verkonsumieren.

Folgende Annahmen sind für die kommenden Jahre plausibel:

- Bei bestenfalls schwachem Wirtschaftswachstum wird der Kredit- und Anleihenzins in der EU weiterhin über der Wachstumsrate liegen.
- Der Unternehmenssektor wird daher auch künftig weiter einen Primärüberschuss aufweisen.
- Selbst wenn es weiterhin versucht wird: Eine Verbesserung der Leistungsbilanz der Überschussländer wie Österreich oder Deutschland wird es nicht geben, eher eine Verschlechterung.

Kombinieren wir beide Restriktionen mit den obigen Annahmen, so ergibt sich: Eine makroökonomisch effiziente Budgetkonsolidierung muss Maßnahmen setzen, die das Sparen (nicht aber den Konsum) der Haushalte senken, und zwar unter das Niveau ihrer gesamten Zinserträge. Die Maßnahmen müssen also erreichen, dass die Haushalte nicht nur ihren gesamten Lohn und Gewinn verkonsumieren, sondern auch einen Teil ihrer Zinserträge.

Dies ist durch eine ausgabenseitige Konsolidierung nicht erreichbar. Das gilt nicht nur für die Senkung von Arbeitslosengeldern, Pensionen oder Sozialtransfers, sondern insbesondere auch für Maßnahmen, die unter betriebswirtschaftlichen Effizienzkriterien zu begrüßen sind wie Rationalisierungen im öffentlichen Dienst (= Senkung seiner Lohnsumme).

Umgekehrt würden Konsolidierungsbeiträge der bestgestellten Haushalte lediglich ihr Sparen senken, sie können sich ihren Konsum ja weiter leisten. Solche Beiträge sind im Wesentlichen nur durch einnahmenseitige Maßnahmen möglich.

These 6: Eine ausgabenseitige Budgetkonsolidierung wird die Lage der Vermögenden nicht sogleich, später aber dafür umso massiver verschlechtern.

Das stärkste Argument für Beiträge der Bestgestellten ist folgendes: Nur wenn die »Reichen an Geld« jetzt spürbare Konsolidierungsbeiträge leisten, können sie eine drastische Entwertung ihrer Vermögen in (nicht allzu ferner) Zukunft verhindern. Denn unter finanzkapitalistischen Rahmenbedingungen werden auf systematische Weise Finanzforderungen aufgebaut, die nicht durch Realkapital gedeckt sind. Der Staat übernimmt sie teilweise, kann aber die Schuldenlast nur bedienen, wenn die Wirtschaft kräftig und nachhaltig wächst – dies wird durch eine Sparpolitik vereitelt.

Rekapitulieren wir, wie in den letzten Jahren realwirtschaftlich unzureichend gedeckte Financial Assets geschaffen wurden:

- *Variante I* bestand in der Bildung von fiktivem Kapital durch Aktienbooms. Dies musste zu Kursstürzen und damit Entwertungen führen. Diese Variante ist nunmehr ausgereizt.
- *Variante II* bestand in der massiven Vergabe von Krediten an Immobilieninvestoren – in den USA oft nahezu mittellose Häuslbauer – und ihre Bündelung zu Wertpapieren (Mortgage Backed Securities).
- *Variante III* bestand in der massiven Verschuldung des Staates: Dieser sprang in der Krise ein und gab nahezu schrankenlos Schuldtitel heraus. Die »Reichen an Geld« waren erleichtert, ihr Geld schien gerettet – allerdings wurde das Problem der »faulen« Assets nur auf eine höhere Ebene verschoben.
- *Variante IV*: Das Gleiche gilt für die Rettung einzelner Euro-Länder durch den neuen 750-Milliarden-Euro-Fonds der gesamten EU.

Simpel gesagt: Es wurden ungedeckte Forderungen der Banken via Rettungspakete an den Staat weitergereicht, dieser hat also selbst wie eine Bank agiert, um die Ban-

Abb. 9 (links und rechts): Akkumulation der nicht finanziellen Kapitalgesellschaften

ken zu retten. Zusätzlich übernimmt nun die europäische Staatengemeinschaft auch hausgemachte Schulden einzelner Mitgliedsländer, das Problem wird auf die nächste Ebene weitergewälzt. Das ist zwar richtig in einer akuten Krise – die USA betreiben dies seit 2007 exzessiv, indem die Notenbank die Staatspapiere kauft –, eine Dauerlösung ist das aber nicht.

Früher oder später musste klar werden, was die Geschichte schon so oft gezeigt hat: Staaten können pleite gehen, wenn sie sich übernehmen, etwa durch Kriege oder durch Kapitalspritzen und Garantien für Banken im Ausmaß von bis zu 50 Prozent des BIP.

Dies wurde zunächst nicht wahrgenommen: In der akuten Finanzkrise kippte die neoliberale Staatsfeindlichkeit in eine groteske Staatsgläubigkeit, getrieben von dem Wunsch: »Lieber Staat, rette unser Geld!«. Am Beispiel Griechenlands ist die reale Gefahr einer Staatspleite sogar eines Euro-Landes offenbar geworden, die »Finanzalchemisten« haben als Erste den Braten gerochen und aus der Angst ein Geschäft gemacht.

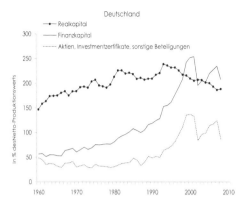

Wenn nun die »Reichen an Geld« darauf bestehen, dass der Staat seine Schulden an sie durch Verringerung der Staatsausgaben abzahlt, dann verlangen sie eine logische Unmöglichkeit: Dadurch wird die realwirtschaftliche Deckung der Staatsschuld immer geringer, diese besteht ja aus den künftigen Staatseinnahmen, hängt also vom erwarteten Wirtschaftswachstum ab. Dieses aber wird durch eine Sparpolitik gesenkt, erst recht, wenn sie europaweit im Gleichschritt praktiziert wird.

Anders ausgedrückt: Den Arbeitnehmern muss wenigstens die Chance gegeben werden, gemeinsam mit den Unternehmern die Schulden des Staates gegenüber den »Reichen an Geld« abzutragen. Dazu müssen Letztere Konsolidierungsbeiträge leisten, mit deren Hilfe der Staat die Wirtschaft stimulieren kann (es handelt sich um das Transferproblem, das Keynes 1919 veranlasste, wütend den Verhandlungstisch in Versailles zu verlassen: Die Siegermächte diktierten Deutschland Reparationsschulden, gaben aber dem Schuldner keine Chance zur Schuldentilgung).

Wird den Produzenten (Arbeitnehmern und Unternehmern) diese Chance nicht gewährt, sondern eine nachfra-

gedämpfende Sparpolitik praktiziert, so verbleiben drei Möglichkeiten:
- Nachhaltig höhere Inflation (dafür ist es schon zu spät).
- Direkte Finanzierung der Staaten durch die Notenbank: Diesen »Notweg« beschreiten gerade EU und EZB, unterstützt von Internationalen Währungsfond (IWF). Allerdings kann das keine Dauerlösung sein, insbesondere wegen der unterschiedlichen Finanz- und Wirtschaftslage innerhalb der EU bzw. des Euro-Raums (nur ein Land kann diese Strategie relativ lang praktizieren: das Leitwährungsland USA).
- Ein partieller Staatsbankrott, im optimalen Fall ein gemeinsam von allen EU-Staaten koordinierter Ausgleich, durch den ein Teil der Staatsschuld gestrichen wird.

These 7: Die Vermögenden begreifen nicht, dass sie ihre eigene Lage durch Konsolidierungsbeiträge nachhaltig verbessern würden.

Die »Reichen an Geld« würden sich selbst nützen, wenn sie durch Konsolidierungsbeiträge den Staat in die Lage versetzen, die Wirtschaft wieder anzukurbeln und so seine Schulden zu bedienen (0,5 Prozent vom Vermögen oder 25 Prozent der Stiftungserträge sind sehr wenig im Vergleich zu einer Entwertung aller Staatspapiere um 50 Prozent oder mehr).

Dennoch wird dies wahrscheinlich nicht geschehen. Hauptgrund: Die »Reichen an Geld« und die »Reichen an Realkapital« sind oft die gleichen Personen oder Konzerne. Der Konflikt zwischen den Interessen als Finanzkapitalist und als Realkapitalist entfaltet sich innerhalb der gleichen Institutionen bzw. Personen und kann von ihnen deshalb nicht begriffen werden. Dazu zwei Beispiele:

Beispiel 1: Ein Industriekonzern wie Siemens hat in den vergangenen dreißig Jahren in zunehmendem Maß Finanzvermögen akkumuliert. Wenn nun die Finanzkapitalerträge einen zusätzlichen Beitrag zur Verbesserung der Staatsfinanzen leisten müssten und der Staat als Teil einer offensiven Strategie diesen Betrag zum Beispiel für eine massive Förderung ökologisierter Industrieprodukte (Elektroautos etc.) einsetzt, so käme dies einem Konzern wie Siemens in seiner Eigenschaft als Realkapitalist (nicht aber als Finanzkapitalist) zugute.

Beispiel 2: Die österreichischen Privatstiftungen umfassen Industrie- und Bauunternehmen sowie in der Stiftung arbeitendes Finanzvermögen. Letzteres ist quasi ihr Erspartes, das in der Substanz, aber auch in seinen Erträgen, zur Seite gelegt ist. Wenn nun die Stiftungen in ihrer Gesamtheit eine Milliarde Euro zur Konsolidierung beitrügen (indem sie auf alle Erträge 25 Prozent KEST zahlten), und der Staat als Teil einer offensiven Strategie diesen Betrag zum Beispiel für eine massive Förderung der thermischen Gebäudesanierung einsetzte und damit ein Investitionsvolumen von fünf Milliarden Euro und einen BIP-Zuwachs von acht Milliarden Euro generierte (Multiplikatoreffekt von Bauinvestitionen), so käme dies vielen Stiftern in ihrer Eigenschaft als Realkapitalisten zugute.

Der analoge Konflikt spielt sich natürlich auch innerhalb der Arbeitnehmer ab, die ja auch ein – zumeist bescheidenes – Finanzvermögen halten: Als Finanzkapitalisten wollen sie ihr Erspartes schützen, obwohl etwa eine Erhöhung der Steuer auf Finanzkapitalerträge und deren Verwendung zur Stimulierung der Realwirtschaft ihnen als Arbeitnehmer viel mehr nutzen würde als sie der Konsolidierungsbeitrag kostet.

These 8: Zusätzlich erschweren das Gefangenendilemma und der »neoliberale Smog« in den Köpfen der Eliten eine wachstumsfreundliche Budgetkonsolidierung im Interesse von Realkapital und Arbeit.

Aus zwei Gründen wird es nicht gelingen, die »Reichen an Geld« zu – für die Realwirtschaft spürbaren – Konsolidierungsbeiträgen anzuhalten (also vor sich selbst zu schützen):

- Nicht nur die »Reichen an Geld«, sondern alle Vermögensbesitzer stecken in einem Gefangenendilemma (auch die Arbeitnehmer als Finanzkapitalisten): In ihrer Gesamtheit würden sie von einer offensiven Gesamtstrategie des Staates in einer schweren Krise profitieren, als Einzelne wollen sie aber nichts beitragen.
- Ein solches Dilemma kann nur durch eine übergeordnete Koordinationsinstanz überwunden werden, also durch die Politik und ihre wirtschaftswissenschaftlichen Berater. Diese stecken aber noch in der Falle des neoliberalen Weltbilds, insbesondere in Europa.

In den USA hingegen wendet sich die Obama-Administration immer mehr von den Mainstream-Ökonomen ab (wie Roosevelt 1932), geplant sind im Hinblick auf die gemeinsame Bewältigung der Probleme Staatsverschuldung, Arbeitslosigkeit, Armut und Klimawandel:

- Erhöhung der Ausgaben zur Bekämpfung der Arbeitslosigkeit um 100 Milliarden Dollar auch noch 2011 (obwohl die Erholung in den USA schon viel gefestigter ist als in der EU).
- Massive Steigerung der Staatsausgaben zur Verbesserung des Gesundheitswesens, insbesondere für die sozial Schwächsten.
- Langfristiges Programm zur Reduktion der Treibhausgase.
- Einhebung von Konsolidierungsbeiträgen von den besser Verdienenden (über 250.000 Dollar Jahreseinkommen), den Banken und dem Energiesektor durch Steuererhöhungen im Ausmaß von 800 Milliarden Dollar (fast sechs Prozent vom BIP!).

Beide Maßnahmen sind aus makroökonomischer Perspek-

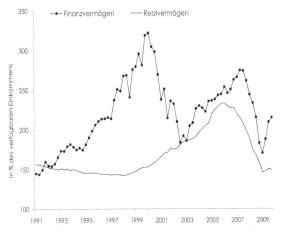

*Abb. 10: Vermögen der privaten Haushalte in den USA
Aktien, Investmentfonds, Pensionfonds*

tive richtig, und aus sozialer auch. In der EU wird hingegen die alte Rezeptur propagiert: Staatsausgaben senken, Privatisieren, zur Not auch Steuern erhöhen, aber keinesfalls für die Vermögenden und Bestverdiener (dazu später).

These 9: Dem neoliberalen Konsolidierungskonzept liegt ein extrem einseitiger Staatsbegriff zugrunde.

Dieser ist ein Abkömmling von Hobbes' »Leviathan«: Der Staat als ein bürokratischer Apparat, der durch ineffiziente Verwaltung und unnötige Sozialleistungen den BürgerInnen viel Geld aus der Tasche zieht. Wo kein Marktversagen vorliegt und auch Private die Produzentenrolle wahrnehmen können, sollte sich der Staat daher zurückziehen (letztlich könnten wir dann auch die sozialstaatliche Kranken- und Pensionsversicherung abschaffen – Marktversagen wird schwer wissenschaftlich zu beweisen sein und Private können ja auch die Leistungen erbringen – zum »Wie« siehe das Gesundheits- und Pensionssystem in den USA).

Der (neoliberale) Staatsbegriff ist deshalb so absurd

einseitig, weil er den Menschen nur in seiner Eigenschaft als Individuum, nicht aber als Teil von Gemeinschaften und der Gesellschaft begreift (»Jeder ist seines Glückes Schmied«).

Folgender Staatsbegriff erscheint mir stimmiger, gerade mitten in einer schweren Krise. Der Staat ist (auch) »unser Verein«, der die gemeinschaftlichen Angelegenheiten übernimmt. Was gemeinschaftlich ist, bestimmen die BürgerInnen, letztlich das Parlament – nicht aber die Ökonomen. Wenn in einer Gesellschaft eine Präferenz für einen ausgebauten Sozialstaat besteht, wenn man/frau die Umweltbedingungen gründlich verbessern will, wenn die Lebenschancen der sozial Schwachen verbessert werden sollen, dann muss eben mehr in die Vereinskasse eingezahlt werden, und zwar jeder nach seinen Möglichkeiten. Im Klartext: Die Staatsquote steigt, aber dafür bekommen wir auch etwas von »unserem Verein«.

These 10: Jede schwere und hartnäckige Wirtschaftskrise kann nur durch eine – nachhaltige, wenn auch mittelfristig temporäre – Erhöhung der Staatsquote überwunden werden.

Der Grund dafür ist trivial: Schwere Krisen sind dadurch charakterisiert, dass Unternehmen, Haushalte und das Ausland ihre Nachfrage einschränken, jedenfalls aber nicht so stark ausweiten wie für einen Aufschwung nötig wäre. Nur wenn der Staat bereit ist, einzuspringen, kann die Krise ohne schwere gesamtwirtschaftliche Verluste bewältigt werden. So haben jene Länder die Weltwirtschaftskrise der dreißiger Jahre am besten gemeistert, welche die Nachfrage des Staates nachhaltig ausweiteten wie die skandinavischen Länder (insbesondere Schweden) durch den Ausbau des Wohlfahrtsstaates oder die USA unter Roosevelt durch seinen »New Deal« (freilich übernahm er die Präsidentschaft erst am Tiefpunkt der Krise).

In einem technisch-makroökonomischen Sinn war auch die Wirtschaftpolitik von Hitler erfolgreich, allerdings diente die Ausweitung der Staatsquote der Vorbereitung eines Krieges.

Wie Budgetdefizite und Staatsverschuldung reduziert werden können, insbesondere angesichts anderer Probleme von steigender Arbeitslosigkeit und Armut bis zum Klimawandel, hängt entscheidend davon ab, wie sich die Wirtschaft in den kommenden Jahren entwickelt. Eine Standortbestimmung ist daher Voraussetzung für die Konzipierung einer Gesamtstrategie.

9. Szenario der weiteren Entwicklung

Nach der Phase 1 der Krise (Panik, Furcht und Reue) zwischen Oktober 2008 und April 2009, in der gründliche Reformen des Finanzsektors, Regulierungen der Märkte etc. versprochen wurden, setzte die Phase der Verdrängung und Verleugnung ein (Phase 2: »Wir machen weiter wie vorher«): Die Aktienkurse boomten stärker als je zuvor, auch die Rohstoffpreise, insbesondere die Ölpreise, belebten sich. Jene Banken, die kaum mehr etwas mit der Realwirtschaft zu tun haben (Goldman Sachs, Deutsche Bank und andere »Finanzalchemisten«) betrieben die (Derivat-)Spekulation noch intensiver als zuvor, ihre Gewinne waren 2009 enorm.

Da im Finanzkapitalismus die Signale der Finanzmärkte als Vorboten der realwirtschaftlichen Entwicklung gedeutet werden und sich auch Welthandel und Industrieproduktion zu beleben begannen, glaub(t)en die meisten Ökonomen, das Schlimmste sei ausgestanden. Sie berücksichtigten zu wenig, dass die Erholung – in Relation zu den zusätzlichen Haushaltsdefiziten –

schwach ist, dass durch ineffiziente Steuersenkungen wirtschaftspolitisches Handlungspotenzial verloren ging (der Konsum wurde kaum stimuliert), dass ein Großteil der Belebung dem Lageraufbau zu danken ist, insbesondere aber, dass wir erst am Anfang der Krise des Systems Finanzkapitalismus stehen.

Dieser Mangel an Problembewusstsein ist in Europa stärker ausgeprägt als in den USA. Obwohl sich die Wirtschaft in den USA wesentlich besser erholt hat als in der EU, plant die Obama-Administration auch für 2011 expansive Impulse, insbesondere zur Bekämpfung der Arbeitslosigkeit. In der EU hat hingegen eine (ausgabenseitige) Haushaltskonsolidierung oberste Priorität.

Das Ausmaß der Fehleinschätzung der gegenwärtigen Krisenphase wird am Beispiel der Beschlüsse des EU-Gipfels vom März 2010 zum Fall Griechenland besonders augenfällig: Indem die übrigen EU-Länder Griechenland auch für den Fall eines finanziellen Beistands Marktzinsen verordneten, also einen Zinssatz, der um etwa sechs Prozentpunkte über der Wachstumsrate lag, verordneten sie Griechenland die Insolvenz. Denn unter diesen Bedingungen ist selbst bei optimaler Sparpolitik eine nachhaltige Reduktion der Staatsschulden unmöglich. Einmal mehr würden also Forderungen und Verbindlichkeiten aufgebaut, die realwirtschaftlich nicht gedeckt werden können. Da man aber ein Euro-Land nicht pleite gehen lassen kann, werden die übrigen Länder die durch das exorbitante Zins-Wachstums-Differenzial aufgeblähte Staatsschuld Griechenland zu einem erheblichen Teil übernehmen müssen.

Wenige Wochen später war es dann so weit, die Euro-Länder beschlossen ein Hilfspaket für Griechenland, um die von ihnen verordnete Insolvenz zu verhindern. Mit fünf Prozent wurde ein Zinssatz willkürlich gewählt,

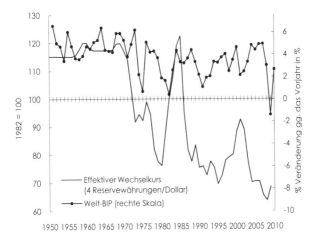

*Abb. 11: Dollarkurs und Wachstumsdynamik
in der Weltwirtschaft*

noch immer zu hoch angesichts eines prognostizierten Schrumpfens des griechischen BIP um insgesamt sieben Prozent 2010 und 2011.

Mit dem Fall Griechenland und damit dem Aufkommen der ersten Zweifel an der Solvenz von Euro-Ländern ist die große Krise in ihre Phase 3 eingetreten. Ich habe sie schon vor einem Jahr mit »Heulen und Zähneknirschen« betitelt, weil sich in dieser Phase der Restaurationsversuch von Phase 2 (»Wir machen weiter wie vorher«) als gewaltige Illusion entpuppen wird. Ein neuerlicher Absturz der Aktienkurse und diesmal auch der Anleihenkurse, eine weitgehende Orientierungslosigkeit der Eliten, massive Sparpläne für die öffentlichen Haushalte und rabiate Versuche der »Finanzalchemisten«, sich durch immer tollere Spekulationen gegen Staaten für den Mangel an langfristig profitabler Veranlagung schadlos zu halten, führen zu einem weiteren Konjunktureinbruch.

Am stärksten ist die kognitive Dissonanz und damit die Verstörung bei den europäischen Eliten ausgeprägt, insbesondere in Deutschland. Denn sie haben die neoliberale Weltanschauung intensiver verinnerlicht als etwa die Eliten in den USA (von China ganz zu schweigen).[9]

In der EU hat sich der »neoliberale Smog« nicht zuletzt deshalb so fest in den Köpfen der Eliten festgesetzt, weil die meisten ihrer Träger glauben, keine Neoliberalen zu sein. Dies verdeutlicht die beliebte Rhetorik über das Europäische Sozialmodell, die im Lissabon-Vertrag verankerten sozialen Grundwerte, das Ziel der Social Coherence, das Reden über die Corporate Social Responsibility etc.

Doch gilt der Satz »Die Wahrheit ist konkret« (Hegel): Von den Maastricht-Kriterien, über die Arbeitsmarktreformen, die Umstellung der Pensionssysteme, die Privatisierungen bis hin zur Senkung von Sozialleistungen zwecks Minderung der Anreize zur Arbeitslosigkeit, das alles folgte neoliberalen Leitlinien, und »Der Schoß ist fruchtbar noch, aus dem das kroch« (Brecht). Dies wird die nächste Zeit zeigen.

Die Ökonomenelite, insbesondere in der EU-Kommission, aber auch in den nationalen Ministerien und Konjunkturforschungsinstituten, wird jedenfalls empfehlen: Ab 2011 muss mit der Haushaltskonsolidierung begonnen werden (wenn nicht noch früher). Diese soll primär ausgabenseitig erfolgen. Allerdings besteht als Folge der neuerlichen Verschärfung der Finanzkrise seit dem Frühjahr 2010 die (kleine) Chance, dass sich PolitikerInnen von den Mainstream-Ökonomen abwenden und neue Lösungen (ver-)suchen wollen (wie Roosevelt 1932 und – teilweise – Obama 2010).

Voraussetzung dafür ist, dass die Politik – besonders in Europa – das normative Element stärkt, dass sie wieder (gesamteuropäische) Visionen entwickelt und sich somit der Frage stellt, die im Zentrum eines politischen Leadership stehen müsste: In welcher Gesellschaft wol-

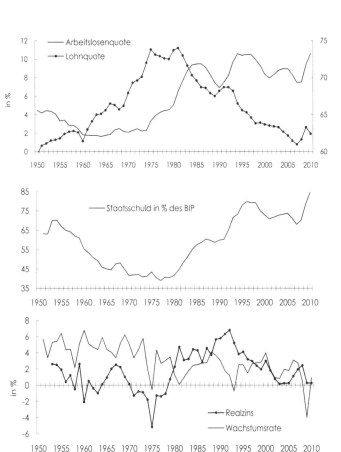

Abb. 12: Entwicklungstendenzen in den europäischen Industrieländern

len wir leben? Auf welchen Wegen könnten wir dahin gelangen, und was sollen die ersten Schritte sein? Nachdem die neoliberale Ideologie so lange die Wirtschaft und die Märkte zu Subjekten erhoben und den Menschen zu ihrem (sich selbst entfremdeten) Objekt degradiert hatte, tut es Not, dieses Verhältnis wieder auf die Füße zu stellen.

Dafür braucht die Politik ein offensives Alternativkonzept, das auf einer systemischen Analyse des Heranwachsens der bedrückendsten Probleme beruht, das die Kräfte des gesellschaftlichen Mittelfelds stärkt, insbesondere die Kooperation zwischen Unternehmen und Gewerkschaften, und das die Probleme Staatsverschuldung, Arbeitslosigkeit, soziale Ungleichheit und Klimawandel durch eine Gesamtstrategie und damit gemeinsam zu bewältigen sucht. Das hier skizzierte Konzept eines »New Deal« für Europa kann gewissermaßen als ein Versuch verstanden werden, auf die Klage von Habermas zu reagieren, es regiere eine »normativ abgerüstete Generation, die (…) auf Ziele und politische Gestaltungsabsichten« verzichte (Habermas, 2010).

Wie auch immer das Wechselspiel von realer Wirtschaftsentwicklung, Nachdenken, Wahrnehmen und der Entwicklung neuer Konzepte in den kommenden Jahren verlaufen wird: Der Übergang von einer finanzkapitalistischen zu einer realkapitalistischen Spielanordnung und vom neoliberalen Paradigma zu einem neuen Paradigma wird lange dauern. Es geht ja nicht um eine simple Rückkehr zum Keynesianismus plus Soziale Marktwirtschaft, Neues muss gedacht und realisiert, das »gute Alte« gleichzeitig aufgehoben werden im Sinne Hegels (den Entwurf eines »guten Kapitalismus« haben kürzlich Dullien/Herr/Kellermann, 2009, vorgestellt).

10. Die wichtigsten Herausforderungen der Wirtschaftspolitik

In den kommenden Jahren sollte die Politik jene gemeinschaftlichen Aufgaben verstärkt wahrnehmen, die im neoliberalen Zeitalter vernachlässigt wurden. Dies gilt für die globale Ebene, insbesondere aber für die europäische und nationale Ebene:

- Umweltschutz, insbesondere Kampf gegen den Klimawandel.
- Verbesserung der Infrastruktur durch öffentliche Investitionen.
- Umfassende Investitionen ins Bildungssystem, vom Vorschulbereich bis zu den Universitäten.
- Verbesserung und Verbilligung der Wohnmöglichkeiten für junge Menschen.
- Bessere Entfaltungschancen für die Jungen am Arbeitsmarkt, insbesondere durch schrittweise Rückführung der Formen atypischer Beschäftigung.
- Verbesserung der Lebenschancen von Menschen aus den niedrigen sozialen Schichten, insbesondere durch bessere Integration von Personen mit Migrationshintergrund (sie werden als die Sündenböcke in einer neuen Depression dienen).
- Milderung der Ungleichheit in der Einkommens- und Vermögensverteilung und damit Stärkung des sozialen Zusammenhalts.

All diese Aufgaben haben ein gemeinsames Hauptziel: Jene sozialen und ökologischen Bedingungen für »gut Leben« zu verbessern, die als öffentliche Güter durch den Markt nicht gewährleistet werden können. Indem sich die Wirtschaftspolitik auf diese Aufgaben konzentriert, ermöglicht sie gleichzeitig einen sinnvollen Einsatz der durch die große Krise freigesetzten Produktionskapazitäten von Arbeit und Realkapital.

11. Leitlinien eines »New Deal« für Europa

Um diese Herausforderungen bewältigen zu können, sollte sich die Politik an folgenden Leitlinien orientieren:

- *Leitlinie 1:* Stärkung des Steuerungsprinzips Kooperation und damit auch des Systems Politik als Voraussetzung für eine effiziente Kombination mit dem Steuerungsprinzip Konkurrenz bzw. dem System Markt. A priori kann weder dem Markt, noch dem Staat ein Steuerungsprimat zugesprochen werden, die Funktionsteilung hat vielmehr den jeweiligen Aufgaben zu entsprechen. So hat das System Politik in den Bereichen Gesundheit, Bildung, sozialer Ausgleich oder Umwelt eine höhere Lösungskompetenz, das System Markt hingegen bei Erstellung und Verteilung rein privater Güter.[10]
- *Leitlinie 2:* Lenkung des Gewinnstrebens von kurzfristig-spekulativen Transaktionen auf Finanzmärkten zu langfristig orientierten Aktivitäten auf Gütermärkten. Konkret bedeutet dies: Stärkung der Interessen von Realkapital und Arbeit, Schwächung der Interessen des Finanzkapitals und seiner Vertreter im Finanzsektor.
- *Leitlinie 3:* Stärkung des Systems Politik auf internationaler Ebene mit dem Ziel, den Prozess der Globalisierung von Unternehmen und Märkten durch eine Globalisierung der Politik zu ergänzen. Zu den wichtigsten Problemfeldern gehören der Klimawandel, das Weltwährungssystem und die Zähmung der globalen Finanzmärkte.
- *Leitlinie 4:* Verstärkte Berücksichtigung der Ökologie bei Neugestaltung der wirtschaftlichen Rahmenbedingungen auf globaler wie nationaler Ebene. Dies ist insbesondere für die Erneuerung der Spielregeln im

Welthandel und bei den Direktinvestitionen relevant, aber auch für Verkehrs- und Energiepolitik.

- *Leitlinie 5:* Förderung von sozialen Innovationen auf unternehmerischer und gesamtwirtschaftlicher Ebene zur gesellschaftlichen Integration der technischen Innovationsdynamik; mit dieser Leitlinie soll ein Grundkonflikt der letzten 25 Jahre zumindest gemildert werden, nämlich jener zwischen dem steigenden Produktivitätspotenzial und dem gedämpften Wirtschaftswachstum.

- *Leitlinie 6:* Jeder Bürger soll nach Maßgabe seiner wirtschaftlichen Möglichkeiten und seiner sozialen Lage zur Finanzierung des Gemeinwesens beitragen, im Gegensatz zu einer reinen Sparpolitik, bei der nur jene Personen Beiträge leisten müssen, die etwas vom Staat erhalten.

- *Leitlinie 7:* Entwicklung eines eigenständigen Weges der Europäischen Union zu mehr sozialer Gerechtigkeit und individueller Entfaltungsmöglichkeit, insbesondere durch das beharrliche Verfolgen des Vollbeschäftigungsziels. Das (kontinental-)europäische Gesellschaftsmodell ist in Abgrenzung zum amerikanischen Modell zu stärken, da es den Wertvorstellungen und Lebensgewohnheiten der Europäer besser entspricht und nach einem Ausgleich zwischen individueller Freiheit und sozialer Verantwortung strebt.

Diese Leitlinien führen in Richtung realkapitalistischer Rahmenbedingungen mit sozialem und ökologischem Schwerpunkt. Diese Elemente werden gemeinsam mit der Europa-Komponente die Essenz des europäischen Gesellschaftsmodells nach Überwindung der großen Krise bilden, also in der nächsten Prosperitätsphase. Ein solches Modell entspricht den in Jahrhunderten herangewachsenen Grundwerten (»Freiheit, Gleichheit, Brüderlichkeit«), sowie den darauf basierenden Präferenzen (soziale Sicherheit, Solidarität) und Lebensgewohnheiten (geringe räumliche Mobilität, hoher Stellenwert der Freizeit) in Europa besser als die neoliberale Ideologie des »Jeder ist seines Glückes Schmied« (diese passt wiederum besser zu einem Einwanderungsland wie den USA).

Wenn alle EU-Länder sich bei der Gestaltung ihrer Gesamtstrategie an diesen Leitlinien orientierten, ergäbe sich eine indirekte Koordination der nationalen Maßnahmen. Diese sollte durch das Konzept eines »New Deal für Europa« verstärkt werden, das auf EU-Ebene zu entwickeln wäre: im Idealfall auf Initiative führender PolitikerInnen und in enger Zusammenarbeit mit den Sozialpartnern, quasi in einer konzertierten Aktion auf europäischer Ebene.

Hauptziele eines solchen Konzepts wären:

- Abstimmung der nationalen Strategien im Hinblick auf gemeinsame (= EU-weite) Ziele wie etwa die Reduktion von Treibhausgasen oder das Vorantreiben der transeuropäischen Verkehrsnetze (insbesondere Bahnnetze).

- Feststellung der nach Ländern unterschiedlichen Möglichkeiten zu offensiver Fiskalpolitik: Je größer der Leistungsbilanzüberschuss eines Landes und je geringer sein Haushaltsdefizit, desto stärker sollte der Impuls ausfallen.

- Koordination der steuerpolitischen Maßnahmen, um einen Steuerwettbewerb zu vermeiden und gemeinsam die steuerlichen Anreize in Richtung einer Förderung der Realwirtschaft zu setzen (zum Beispiel: Koordination einer EU-weiten Einführung einer generellen Finanztransaktionssteuer oder einer – geringen – Abgabe auf den Wert von Financial Assets wie Aktien, Anleihen und Investmentzertifikaten).

12. Grundzüge der Budgetpolitik in einer hartnäckigen Wirtschaftskrise

Da das Problem der Staatsverschuldung derzeit im Zentrum der wirtschaftspolitischen Debatte steht, möchte ich skizzieren, wie eine Haushaltskonsolidierung entsprechend der Leitlinien eines »New Deal« gestaltet werden müsste. Dabei gilt es, neben diesen Leitlinien auch die Hartnäckigkeit der Krise und die intersektoralen und intertemporalen Restriktionen zu berücksichtigen. Daraus folgt, dass eine systemische Konsolidierung der Staatsfinanzen folgende Zwischenziele verwirklichen muss:[11]

- Umverteilung von Einkommen vom Haushaltssektor zum Staat auf eine solche Weise, dass das private Sparen sinkt, nicht aber der Konsum.
- Dämpfung kurzfristig-spekulativer Aktivitäten auf den Finanzmärkten.
- Förderung der realwirtschaftlichen Aktivitäten der Unternehmen und damit auch ihrer Investitions-, Kredit- und Beschäftigungsbereitschaft.
- Ausweitung staatlicher Aktivität im Bildungs- und Sozialbereich.

Diese Zwischenziele werden erreicht durch (in Anlehnung an den »New Deal« Roosevelts und die jüngsten Budgetpläne von Obama):

- Erhebliche Beiträge der Besser- und Bestverdiener.
- Stärkere Besteuerung von Finanztransaktionen und von Finanzvermögen relativ zu Aktivitäten in der Realwirtschaft beziehungsweise dem Realkapital.
- Verwendung eines Teils der zusätzlichen Mittel für Aufträge an die Unternehmen mit möglichst hohen Multiplikatoreffekten im Inland (insbesondere in den Bereichen Umwelt, Infrastruktur, Wohnungswesen) sowie für zusätzliche Jobs im Bildungswesen und im

Sozialbereich, insbesondere für Integration und Armutsbekämpfung.

Konkrete Maßnahmen, die diesen Zielsetzungen entsprechen, wären etwa mäßige Steuern auf (Finanz-)Vermögen (einschließlich Erbschaftssteuern), auf Finanztransaktionen, oder die steuerliche Gleichstellung der Privatstiftungen mit Normalbürgern (25 Prozent KEST auf alle ihre Erträge). Solche Maßnahmen werden den Konsum nicht nennenswert dämpfen, sondern lediglich die (Finanz-)Akkumulation der sehr Reichen (ihr Sparen). Gleichzeitig gewinnt die Politik den für eine Stimulierung der Realwirtschaft notwendigen finanziellen Handlungsspielraum, insbesondere für folgende Projekte:

- »Generalstabsmäßig« organisierte, flächendeckende thermische Sanierung des Gebäudebestands in Österreich.
- Massive Investitionen in das Bildungswesen, vom Vor- und Pflichtschulbereich bis zu den Universitäten.
- Förderung des gemeinnützigen Wohnbaus.

Bei diesen Prototypen eines makroökonomisch effizienten Maßnahmenbündels handelt es sich um eine Kombination der Anwendung des Haavelmo-Theorems mit der Realisierung eines Ausgabenparadox (Sparparadox mit umgekehrten Vorzeichen)[12]: Durch zusätzliche Staatsausgaben mit großer Hebel- und Multiplikatorwirkung wird die Produktion stimuliert (Unternehmer und Arbeitnehmer werden gestützt), sodass die zusätzlichen Staatseinnahmen höher sind als die Anschubfinanzierung. Darüber hinaus verbessert der Staat seine Finanzlage durch solche Konsolidierungsbeiträge, welche die Konsumnachfrage nicht nennenswert dämpfen.

Das erfolgreichste Beispiel für eine solche Gesamtstrategie war der »New Deal« von Roosevelt: Zwischen 1933 bis 1936 expandierte das BIP in den USA um fast

40 Prozent (aber selbst 1937 war die Erholung noch nicht selbsttragend geworden – als der Staat in diesem Jahr zu sparen begann, fiel die Wirtschaft 1938 wieder in eine Rezession).

Ein anderes Beispiel stellt die Wirtschaftspolitik in den USA unter Clinton dar: Die öffentliche Konsum-, Investitions- und Beschäftigungsnachfrage wurde jedes Jahr ausgeweitet, das dadurch mitverursachte Wirtschaftswachstum sowie eine markante Erhöhung des Spitzensteuersatzes ließen die Steuereinnahmen sprudeln, der Budgetsaldo verbesserte sich zwischen 1992 und 2000 um etwa acht BIP-Prozentpunkte, und zwar ohne irgendwelche Sparpakete (im Detail dazu: Schulmeister, 2007B).

In einer schweren Wirtschaftskrise ist eine expansive Konsolidierungsstrategie deshalb unverzichtbar, weil sich der private Sektor (Haushalte und Unternehmen) durch Sparen zurückzieht, eine Erhöhung der Staatsquote also unvermeidlich ist: Entweder wird sie bei schrumpfender Wirtschaft erlitten oder durch eine aktive Wirtschaftspolitik, die wichtige Aufgaben bewältigt und die Wirtschaft stimuliert, herbeigeführt.

Natürlich gäbe es noch andere Maßnahmen für höhere Staatseinnahmen, die in erster Linie das Sparen und nicht den Konsum dämpfen, wie eine Aufhebung der Höchstbeitragsgrundlage in der Krankenversicherung oder eine (temporäre) Erhöhung des Spitzensteuersatzes. Optimal wären Maßnahmen, die das Gewinnstreben von der Finanz- zur Realwirtschaft lenken:

- Einführung einer generellen Finanztransaktionssteuer (dies müsste allerdings im internationalen Gleichschritt erfolgen, zumindest in den die wichtigsten EU-Ländern).
- Erhöhung der Besteuerung von Finanzkapitalerträgen

an der Quelle auf 35 Prozent (das ginge rasch und hätte auch akzeptable Verteilungseffekte).

- Temporäre Abgabe auf die in Wertpapierdepots liegenden privaten Finanzvermögen (auch dies ließe sich rasch umsetzen und hätte noch bessere Verteilungseffekte im Sinne höherer Konsolidierungsbeiträge der sozial Bestgestellten).

Auch im Hinblick auf eine effiziente Stimulierung der Produktion der Unternehmen durch die Wirtschaftpolitik gibt es noch viele Optionen, die später näher erläutert werden:

- Energisches Vorantreiben der Entwicklung gemeinsamer europäischer Standards zur Ökologisierung von Industrieprodukten (Elektroautos sind nur ein Beispiel).
- Investitionen in die Infrastruktur mit ökologischem Schwerpunkt, insbesondere im Bereich des öffentlichen Fern- und Nahverkehrs.
- Verbesserung der Systeme der sozialen Sicherheit, insbesondere im Gesundheitswesen (Nutzung der Effizienzvorteile einheitlicher und daher entsprechend großer sozialstaatlicher Krankenkassen etc.)

Die hier skizzierten Grundsätze einer makroökonomisch effizienten Haushaltskonsolidierung in einer hartnäckigen Wirtschaftskrise stehen in diametralem Gegensatz zu den Empfehlungen des wirtschaftswissenschaftlichen Mainstreams, repräsentiert etwa durch die Positionen des Internationalen Währungsfonds, der OECD und insbesondere der Europäischen Kommission. Diese Institutionen vertreten im Wesentlichen die gleiche Position wie vor der großen Krise: Der Schuldner ist schuld, wenn der Staat über seine Verhältnisse lebt, muss er sparen und so gleichzeitig dem langfristigen Ziel näherkommen, nämlich einer nachhaltigen Senkung der Staatsquote.

Folgen die EU-Länder diesen Empfehlungen, so werden sie sich wechselseitig das Wasser abgraben, also eine kontraktive Kettenreaktion auslösen. Damit wird die europäische Wirtschaft in einem zweiten Schub tiefer in eine Krise rutschen und weiter an Konkurrenzfähigkeit gegenüber den anderen Regionen verlieren. Denn nur in der EU sind die Eliten, insbesondere die Ökonomen und Politiker, so sehr fixiert auf eine Verschärfung des Sparkurses samt Einführung von Schuldenbremsen. Weder in den USA, noch in China oder den BRIC-Ländern setzt man auf eine solche Symptomtherapie, und schon gar nicht so obsessiv.

Im folgenden Abschnitt möchte ich einige konkrete Beispiele für ein expansives Konsolidierungskonzept skizzieren, durch das sich die einzelnen Länder wechselseitig stimulieren und so nicht nur das Problem der Staatsverschuldung entschärfen, sondern auch die wichtigsten anderen Probleme mildern wie Arbeitslosigkeit, soziale Ungleichheit und Umweltverschlechterung. Ein solcher »New Deal« für die Europäische Union müsste eingebettet sein in neue Rahmenbedingungen auf globaler Ebene. Diese werde ich im nächsten Abschnitt behandeln.

14. Erneuerung der weltwirtschaftlichen Rahmenbedingungen

Die folgenden Vorschläge beziehen sich auf eine Neugestaltung der makroökonomischen Rahmenbedingungen in der Weltwirtschaft. Andere Bereiche wie etwa eine Reform der Bilanzierungsregeln sowie sonstige Regulative, insbesondere im Hinblick auf den Finanzsektor beziehungsweise auf die notwendige Ökologisierung

der Weltwirtschaft (zum Beispiel: Kyoto-Nachfolge),
bleiben außer Betracht (so wichtig diese Problemfelder
auch sind).[13]

14.1. Erneuerung des Weltwährungssystems

Eine systemische Hauptursache von Ölpreisschocks,
internationalen Finanzkrisen, aber auch der exzessiven
Auslandsverschuldung der USA besteht darin, dass der
Dollar eine Doppelrolle spielt als nationale Währung der
USA und als (Ersatz-)Weltwährung, in der alle Rohstoffe und die meisten internationalen Schulden notieren
(Schulmeister, 2000). Nicht nur wegen des Spannungs-
feldes zwischen den nationalen Interessen der USA und
den globalen Anforderungen an eine stabile Weltwährung schwankt (ausgerechnet) der Wechselkurs des Dollar am stärksten, sondern auch deshalb, weil der Dollar
den »Standardjeton« auf den Devisenmärkten darstellt
(fast alle Transaktionen erfolgen vis-à-vis dem Dollar).

Die alltäglichen Spekulationen am Devisenmarkt be-
wirken Kursschübe, die sich über mehrere Jahre zu massiven Abweichungen des Dollarkurses von seinem Gleich-
gewichtsniveau akkumulieren (Schulmeister, 2010): So
kam es in den 1970er Jahre sowie zwischen 2002 und
2008 zu drastischen Dollarentwertungen (Bear Markets),
zwischen 1980 und 1985 bzw. zwischen 1995 und 2000
hingegen zu massiven Aufwertungen (Bull Markets).

Dieses Overshooting der globalen Ankerwährung verursacht enorme Umverteilungen von Einkommen und
Kaufkraft in der Weltwirtschaft, einerseits zwischen den
Rohstoff- und den Industriewarenexporteuren und andererseits zwischen den Gläubiger- und den Schuldnerlän-
dern.

Seit der Schaffung des Euro gibt es nur mehr vier wichtige Währungen in der Weltwirtschaft, Dollar, Euro, Renminbi und Yen. Durch Festsetzung von Bandbreiten könnten die Wechselkurse zwischen diesen Währungen stabilisiert werden (analog zum Vorläufer der europäischen Währungsunion, dem EWS mit dem ECU als Bündelwährung). Dies wäre ein erster Schritt zum langfristigen Ziel der Schaffung einer echten Weltwährung (»Globo«), die als Numéraire für weltwirtschaftliche Flows und Stocks fungiert und aus einem Bündel der wichtigsten nationalen Währungen besteht. Die übrigen Länder könnten ihre Währungen dann in einem im Prinzip festen, aber in Notfällen änderbaren Verhältnis zum »Globo« stabilisieren (oder auch am freien Markt bestimmen lassen – doch werden sie das in ihrem eigenen Interesse kaum tun).

14.2. Stabilisierung der Rohstoffpreise und der Realzinsen für internationale Schulden

Zusätzlich zur Stabilisierung der wichtigsten Wechselkurse – gewissermaßen sicherheitshalber – sollten die Standard Commodities wie Rohstoffe, aber auch die internationalen Financial Stocks nicht mehr in Dollar, sondern in einem Bündel der vier wichtigsten Währungen notieren. Dies würde die enormen Schwankungen der Rohstoffpreise und der Realzinsen für internationale Schulden verhindern und damit auch die dadurch ausgelösten Umverteilungen zwischen den Exporteuren und den Importeuren von Rohstoffen beziehungsweise zwischen den internationalen Dollargläubigern und Dollarschuldnern. Diese enormen Umverteilungen von Einkommen und Kaufkraft haben in den letzten 35 Jahren Rezessionen und Finanzkrisen verursacht, welche die Arbeitslosigkeit schubartig ansteigen ließen und die weltwirtschaftliche Entwicklung nachhaltig beeinträchtigten.

14.3. Langfristige Abkommen über den Erdölpreis

Der Preis für Erdöl ist für eine nachhaltige Entwicklung der Weltwirtschaft aus zwei Gründen von besonders großer Bedeutung:

- Erdöl ist eine erschöpfbare Ressource, eine optimale Entwicklung von Produktion und Verbrauch erfordert daher, dass der Preis einer solchen Ressource stärker steigt als das gesamte Preisniveau, nämlich im Ausmaß des Zinssatzes (Hotelling-Regel).
- Erdöl ist jenes Gut, dessen Verbrauch den größten Teil der Umweltkosten, insbesondere in Gestalt des Klimawandels, verursacht. Berücksichtigt man diese externen Effekte, so müsste sich Erdöl zusätzlich aus diesem Grund stetig überdurchschnittlich verteuern (Internalisierung der externen Kosten).

Vor dem Hintergrund dieser Anforderungen der Gleichgewichtstheorie an eine effiziente Preisbildung muss ein umfassendes Versagen der Erdöl-(derivat-)märkte in den letzten 35 Jahren festgestellt werden. Die nahezu grotesken Schwankungen des Erdölpreises machen Planungen zum Zweck einer wohlfahrtsökonomischen Optimierung von Produktion und Verbrauch unmöglich.

Insbesondere die (betriebswirtschaftliche) Rentabilität von Investitionen in Energiesparmaßnahmen beziehungsweise erneuerbare Energieträger ist drastischen Schwankungen unterworfen: Was bei einem angenommenen Ölpreis von 100 eine sinnvolle Investition ist, wird ein Jahr später zu einem Desaster. Unter diesen Bedingungen muss die Preisbildung auf den Erdöl-(derivat-)märkten die Investitionstätigkeit im Energiesektor (einschließlich Sparbereich und alternative Energien) systematisch behindern.

Würden etwa die EU oder die Industrieländer insgesamt mit den wichtigsten Erdölproduzenten ein langfristiges Abkommen über die Steigerung des Erdölpreises schließen, so wäre jede Lösung besser als die bisherige Marktlösung, egal, ob als Ausgangsbasis der durchschnittliche Ölpreis der letzten zehn oder 20 Jahre genommen wird, oder ob ein jährlicher Anstieg des realen Ölpreises um fünf Prozent oder acht Prozent vereinbart wird (damit würde jenes Ausmaß festgelegt, in dem der Ölpreis stärker steigt als der Durchschnitt aller international gehandelten Güter).

14.4. Einführung einer generellen Finanztransaktionssteuer

Zwei Entwicklungen ließen Finanztransaktionen nahezu explodieren (Abb. 8, S. 56–57). Erstens, der Boom der Wetten auf alle wichtigen Preise wie Aktienkurse, Rohstoffpreise oder Wechselkurse mit Hilfe von Derivaten (da der Einsatz/Margin viel kleiner ist als der Basiswert der Wette, nehmen die Volumina der Finanztransaktionen – gemessen an den Basiswerten – drastisch zu). Zweitens ist die Schnelligkeit des Handels immer mehr gestiegen, nicht zuletzt durch das Internet und die computergestützte Verwendung technischer Spekulationssysteme (Algo Trading). So wechseln Day Trader ihre Positionen mehrmals am Tag, um kurzfristige Preisschübe auszunützen.

Das schnelle Trading verursacht die für Finanzmärkte typische Abfolge von Bulls und Bears (Abb. 1 bis 7): Ist die Marktstimmung *bullish*, so dauern Aufwertungsschübe auf Basis von Minutendaten etwas länger als Gegenbewegungen. Mehrere solcher Mini-Schübe akkumulieren sich zu einem Kursschub auf Basis von Stundendaten, die ihrerseits nach oben etwas länger dauern als nach unten. Dies bringt wiederum einen stufenweisen Aufwertungsprozess auf Basis von Tageskursen hervor und damit eine zunehmende Überbewertung des jeweiligen Assets (Aktien, Währungen, Rohstoffe etc.). Diese lässt den Bull Market früher oder später in einen Bear Market kippen, der sich nach dem gleichen Muster entwickelt: Kursschübe nach unten dauern länger als die Gegenbewegungen.

Die Abfolge von Bulls und Bears ergibt die für Wechselkurse, Rohstoffpreise, Aktienkurse und sonstige Vermögenspreise typischen, »manisch-depressiven« Schwankungen. Fallen mehrere Bull Markets zusammen wie jene von Aktien, Immobilien und Rohstoffen zwischen 2003 und 2007, so baut sich ein enormes Absturzpotenzial auf, das schließlich durch die Hypothekenkrise in den USA aktiviert wurde. Die drei nachfolgenden Bear Markets haben Aktien-, Rohstoff- und Immobilienvermögen drastisch entwertet, die US-Finanzkrise weitete sich deshalb zu einer globalen Krise der Realwirtschaft aus (Abb. 10).

Seit 35 Jahren hat die zunehmende Instabilität der Finanzmärkte das Profitstreben schleichend von realwirtschaftlichen Aktivitäten zu Finanzveranlagung und -spekulation verlagert. Dies ist die systemische Hauptursache der langfristigen Abschwächung des Wirtschaftswachstums und damit des Anstiegs von Arbeitslosigkeit und Staatsverschuldung.

Zur Beruhigung der Aktienmärkte hatte Keynes 1936 eine Transaktionssteuer auf Aktien vorgeschlagen, Tobin übertrug die Idee Anfang der 1970er Jahre auf den Devisenmarkt (dieser wurde sogleich nach dem Zusammenbruch des Festkurssystems durch Spekulation destabilisiert). In einer WIFO-Studie wurden kürzlich eine generelle Finanztransaktionssteuer (FTS) zur Diskussion gestellt (Schulmeister/Schratzenstaller/Picek, 2008): Sämtliche Transaktionen mit Finanztiteln werden mit einem niedrigen Satz besteuert (zwischen 0,1 Prozent und 0,01 Prozent). Bemessungsgrundlage ist der Wert des jeweils gehandelten Finanztitels (Asset), im Fall von Derivaten ihr Basiswert. Käufer und Verkäufer tragen die Steuer zu gleichen Teilen.

Eine solche Steuer würde längerfristig orientierte Veranlagungen (etwa einen Aktienkauf) oder ein Absicherungsgeschäft (Hedging) nicht spürbar belasten. Wer etwa Aktien im Wert von 10.000 Euro kauft, müsste dafür – bei einem Steuersatz von 0,05 Prozent – gerade einmal 2,50 Euro an FTS berappen. Eine Fluggesellschaft, welche die Kerosinkosten im Ausmaß von zehn Millionen Euro durch Kauf von Ölfutures im gleichen Wert absichert, würde dafür lediglich 2.500 Euro an FTS zahlen müssen. Wenn hingegen ein Hedge Fund mit Hilfe eines computergesteuerten Trading Systems Derivate mit einem Basiswert von 10 Millionen Euro im Laufe eines Tages hundertmal kauft bzw. verkauft, so würde er dafür 250.000 Euro an FTS zu bezahlen haben. Das schnelle und destabilisierende Trading mit Derivaten würde somit spezifisch verteuert und daher gedämpft werden. Fazit: Eine FTS hätte eine sedierende Wirkung auf die Derivatmärkte, das Wetten auf kurzfristige Kursschübe verliert an Attraktivität, ausgeprägte Kursschübe werden seltener, was wiederum das Ausmaß von Bulls und Bears verringert.

Der fiskalische Ertrag wäre erheblich (siehe dazu die neuen Schätzungen in Schulmeister, 2010): Bei einem

Steuersatz von 0,05 Prozent ergäbe sich global ein Ertrag von 1,2 Prozent des Welt-BIP, in den Industrieländern wären die Einnahmen merklich höher, in Europa etwa 1,6 Prozent des BIP (etwa 290 Milliarden Euro). In Deutschland läge das Aufkommen bei 1,1 Prozent des BIP (27 Milliarden Euro).

Wäre die Implementierung eine rein technische Frage, dann könnte man eine generelle FTS schon jetzt in kurzer Zeit weltweit umsetzen. Denn sämtliche Transaktionen sind mehrfach in den verschiedenen Payment, Settlement and Information Systems elektronisch erfasst (die wichtigsten sind: Fedwire, TARGET, CLS Bank, CHIPS, SWIFT). Wenn es in allen Ländern einen politischen Willen gäbe, eine solche Steuer zu implementieren, müsste man diese nur an der elektronischen Quelle durch einen Buchungsvorgang einheben.

14.5. Erneuerung des Konzepts eines Marshallplans für die Emerging Market Economies

Die Sinnhaftigkeit der Bereitstellung erheblicher niedrig verzinster und nur langfristig rückzahlbarer Mittel für die Verbesserung der Infrastruktur sowie der Umweltbedingungen in den wirtschaftlich weniger entwickelten Weltregionen hat durch den Klimawandel zusätzlich an Bedeutung gewonnen. Gleichzeitig würde ein »Global-Marshallplan« die Wirtschaft in den Industrieländern nachhaltig stimulieren. Dies verdeutlicht den Win-Win-Charakter eines solchen Konzepts, seine Realisierung wäre daher in einer hartnäckigen Krise besonders sinnvoll (zum Konzept eines »Global-Marshallplans« siehe Radermacher, 2004).

• Ein Großteil der Infrastruktur und der Produktions-

anlagen (insbesondere im Bereich der Grundstoffin-
dustrie) vieler Emerging Market Economies ist tech-
nologisch veraltet und stellt (deshalb) eine Belastung
der Umwelt dar.

- Die für eine Erneuerung des Produktionsapparats sowie
der Infrastruktur benötigten Investitionsgüter gehören
zu einem erheblichen Teil zum Bereich der gehobenen
Technologien und können daher überwiegend nicht in
den Emerging Market Economies selbst erzeugt werden, wohl aber in vielen EU-Ländern.

- Da der Produktionsapparat und die Infrastruktur in
den Entwicklungsländern irgendeinmal auf jeden
Fall erneuert werden müssen und gleichzeitig in den
Industrieländern ungenützte Kapazitäten bestehen,
wäre es für beide Teile ökonomisch und ökologisch
vorteilhaft, wenn die Wirtschaftspolitik die Initiative
für eine »Generalsanierung« ergriffe, gerade in einer
hartnäckigen Wirtschaftskrise.

- Angesichts der Vorteile einer solchen Gesamtstrategie sollte sie nicht an der Finanzierung scheitern:
Ähnlich wie im Fall des Marshallplans müsste diese
durch internationale Kreditschöpfung erfolgen, und
zwar in einer Weise, die nicht die nationalen Budgets
belastet, also durch supranationale Finanzinstitutio-
nen wie Weltbank, Europäische Entwicklungsbank
(EBRD), Europäische Investitionsbank (EIB).

- Eine Wiederbelebung des Konzepts eines Marshallplans – diesmal auf Ebene der gesamten Weltwirtschaft – würde den Prozess der Globalisierung von
Märkten und Unternehmen durch eine Globalisierung
der Wirtschaftspolitik ergänzen.

14.6. Schrittweise Harmonisierung der sozialen und ökologischen Standards

Je schwieriger die ökonomische und soziale Lage in einem Land ist, umso größer wird in Zeiten einer globalen Krise die Versuchung, durch ein niedriges Niveau oder sogar eine Absenkung von sozialrechtlichen und ökologischen Standards Investitionen in die eigene Volkswirtschaft zu locken. Eine solche nicht kooperative Strategie beeinträchtigt die Entwicklung des Gesamtsystems »Welt« nicht nur in ökonomischer und sozialer, sondern auch in ökologischer Hinsicht: Gerade am Beispiel der drohenden Klimaveränderung durch die Treibhausgase wird deutlich, dass die Bewohner des »Raumschiffs Erde« nur eine gemeinsame Umwelt haben.

Aus diesen Gründen ist es ein wesentliches Ziel einer systemisch orientierten (Welt-)Wirtschaftspolitik, langfristig eine Angleichung der sozialen und ökologischen Standards für Produktion und Konsum in den verschiedenen Ländern und Regionen anzustreben. Dabei sind insbesondere zwei Aspekte zu beachten:

- Die Angleichung sollte so erfolgen, dass die Länder mit den niedrigsten Standards an jene mit den höchsten Standards herangeführt werden.
- Die Angleichung muss langsam erfolgen, wobei die Länder mit dem niedrigsten Entwicklungsniveau die längsten Anpassungsperioden nutzen können.

Eine solche Politik würde nicht nur einen langfristigen Konvergenzprozess in der Weltwirtschaft fördern, also ein Catching-up der weniger entwickelten Regionen gegenüber den Industrieländern, sondern gleichzeitig auch ein Sustainable Development des Systems »Welt«. Gleichzeitig würde durch eine solche Politik ein Gegengewicht gesetzt zu einem Denken und Handeln, das sich auf die Schaffung von Standortvorteilen für das eigene Land konzentriert und damit die Sicherung eines nachhaltigen Wachstums des Gesamtkuchens im Vergleich zum eigenen Kuchenanteil zu wenig berücksichtigt.

15. Komponenten eines »New Deal« für Europa

Wenn in der EU im nächsten Jahr, also 2011, tatsächlich alle Regierungen versuchen, ihr Haushaltsdefizit zu reduzieren, und zwar primär durch Senkung der Staatsausgaben, dann wird dies zu einer massiven Verschlechterung der wirtschaftlichen Lage, wahrscheinlich sogar zu einer neuerlichen Rezession führen. Denn die Unternehmen und Haushalte sind derzeit noch (lange) nicht bereit, ihre Nachfrage stark auszuweiten. Durch das gleichzeitige Sparen der Staaten graben sie sich gewissermaßen gegenseitig das Wasser ab, nämlich durch die Reduktion der Importe (ein ähnlicher Effekt trat in den 1930er Jahren ein, verstärkt durch Abwertungswettläufe – diesmal könnten ersatzweise Lohnsenkungswettläufe zum Einsatz kommen).

Während in Deutschland Reichskanzler Brüning einen besonders harten Sparkurs verfolgte, schlug Roosevelt nach seiner Wahl zum Präsidenten der USA im Jahr 1932 den gegenteiligen Weg ein. Sein »New Deal« stellte eine umfassende Gesamtstrategie dar mit dem Ziel, die US-Wirtschaft aus der Depression zu führen und den sozialen Zusammenhalt zu stärken. Da sich die Wirtschaft kräftig erholte und der »New Deal« in hohem Maß durch Konsolidierungsbeiträge der Bestverdiener finanziert wurde, hat sich das Budgetdefizit nicht verschlechtert (es verharrte bei etwa 1,5 Prozent des BIP).

Das Wirtschaftsprogramm von Präsident Obama hat Ähnlichkeiten mit dem »New Deal« von Roosevelt: Obwohl das Haushaltsdefizit in den USA höher ist als im Durchschnitt der EU-Länder und obwohl der Aufschwung in den USA viel kräftiger ist als in Europa, haben weitere expansive Maßnahmen, insbesondere zur Verbesserung der Beschäftigungslage, des Gesundheitssystems und der Umweltbedingungen, eine höhere Priorität als die Konsolidierung der Staatsfinanzen. Wie Roosevelt, so möchte auch Obama das Programm primär durch höhere Beiträge der Bestverdiener finanzieren (im Budgetplan sind zusätzliche Steuereinnahmen von Personen mit einem Jahreseinkommen von mehr als 250.000 Dollar in Höhe von sechs Prozent des BIP vorgesehen).

Eine gemeinsame, EU-weit koordinierte Gesamtstrategie wäre für Europa aus zwei Gründen noch wichtiger als für die USA. Erstens, weil die Fiskalpolitik in die Kompetenz der einzelnen Mitgliedsländer fällt und diese daher durch ein Gefangenendilemma gewissermaßen gelähmt sind: Da ein erheblicher Teil einer expansiven Maßnahme ins jeweilige Ausland abflösse, erscheint eine solche von vornherein wenig attraktiv (umgekehrt kann man hoffen, durch besonders starkes Sparen einen Teil des Nachfrageausfalls dem Ausland zuzuschanzen – »Beggar my Neighbour«). Von einer gemeinsam konzipierten Expansionsstrategie würden hingegen alle EU-Länder profitieren.[14]

Zweitens können die EZB bzw. die nationalen Zentralbanken der Nicht-Euro-Länder die Staaten nicht direkt finanzieren wie es in den USA praktiziert wird. Dafür sind nicht nur institutionelle Regelungen der Europäischen Währungsunion maßgeblich, sondern insbesondere die Tatsache, dass der US-Dollar die Weltwährung darstellt. Deshalb können die USA ihr Budget- und Leistungsbilanzdefizit durch Produktion der eigenen Währung (zu Kosten von null) finanzieren, solange ihnen das Ausmaß der künftigen Dollar-Entwertung egal ist, brauchen sie auch keine höheren Zinsen zu bieten.

Aus beiden Gründen ist die EU noch stärker als die USA auf eine nachhaltige Konsolidierung der Staatsfinanzen angewiesen, und eine solche kann nicht durch Schrumpfen gelingen, sondern nur durch Expansion (in der Makroökonomie schrumpft man sich immer krank, nie gesund). Dazu bedarf es der Bereitschaft der (politischen) Eliten, eine höhere Staatsquote nicht nur in Kauf zu nehmen, sondern anzustreben, und sie mit solchen Aktivitäten zu füllen, die die Wirtschafts- und Lebensbedingungen nachhaltig verbessern.[15]

15.1. Stabile und wachstumsorientierte Geldpolitik

Eine nachhaltige Überwindung der großen Krise erfordert die Stärkung realwirtschaftlicher Aktivitäten und die Eindämmung kurzfristiger Finanzinvestition und -spekulation. Konkret bedeutet dies, dass ein »New Deal« einerseits die Realinvestitionen und -innovationen der Unternehmen relativ zu Aktivitäten auf Finanzmärkten fördern muss, und andererseits den Konsum der Haushalte relativ zu ihrem Sparen.

Um diese Ziele zu erreichen, müsste die Geldpolitik der EZB folgendermaßen ausgerichtet sein:

• Die Leitzinsen sollten auf einem Niveau stabilisiert werden, das sicherstellt, dass die für den Unternehmenssektor relevanten Kreditzinsen um ein bis zwei Prozentpunkte unter der (erwarteten) Wachstumsrate liegen.

• Die Zinspolitik sollte sich daher an der Förderung

der unternehmerischen Realinvestitionen orientieren und nicht zum Zweck der Inflationsbekämpfung eingesetzt werden. Denn Zinssteigerungen erhöhen die Produktionskosten massiv (steigt der Zins von vier Prozent auf sechs Prozent, so steigen die Zinskosten um 50 Prozent) und dämpfen daher nicht spezifisch die Inflation, sondern die Gesamtwirtschaft: Der wichtigste Konsens zwischen Monetaristen und Keynesianern, dass nämlich die Inflation durch Zinssteigerungen zu bekämpfen ist, erweist sich als Nonsense, der die realwirtschaftliche Performance in den letzten 30 Jahren nachhaltig verschlechtert hat (siehe dazu im Einzelnen Schulmeister, 1996).

- Für »Normalzeiten« ergeben sich folgende Richtgrößen für eine wachstumsfördernde Zinspolitik: Bei einer erwarteten bzw. tolerierten Inflation von ungefähr zwei Prozent und einer mittelfristigen Wachstumsrate von etwa zwei Prozent sollte der Euro-Leitzinssatz bei einem Prozent liegen (in diesem Fall läge die Euro-Prime-Rate etwa auf dem Niveau der nominellen Wachstumsrate von vier Prozent).

In der Talsohle des langen Zyklus, also in der Transformationskrise vom Finanz- zum Realkapitalismus, ist allerdings mittelfristig mit einer Stagnation zu rechnen (oder einer noch schlechteren Entwicklung). Unter dieser Bedingung ist selbst ein Leitzins von null Prozent zu hoch: Der Kreditzins läge dann bei deutlich mehr als drei Prozent (weil die Banken in der Krise höhere Risikoprämien verlangen), die nominelle Wachstumsrate aber bei zwei Prozent (sofern es überhaupt eine Inflation in dieser Höhe gibt).

In einer solchen Situation wäre das Tolerieren oder sogar Anstreben einer etwas höheren Inflationsrate als zwei Prozent sinnvoll (dies wurde kürzlich in einem Working

Paper des Internationalen Währungsfonds zur Diskussion gestellt – siehe Blanchard/Dell'Ariccia/Mauro, 2010). Allerdings ist es nicht einfach, die Inflationsrate auf ein höheres, zugleich aber stabiles Niveau zu heben. Am ehesten ließe sich dieses Ziel durch Lohnsteigerungen erreichen, die geringfügig über dem Wachstum der Arbeitsproduktivität liegen oder durch die Anhebung staatlicher Gebühren.

Besonders wichtig ist ein Bereich der Geldpolitik, der ausgeblendet bleibt, da er üblicherweise in die Kompetenz des Marktes fällt: Die Senkung der effektiven Kreditzinsen, welche die Banken den Unternehmen und Haushalten in Rechnung stellen. Diese sind nämlich wegen der Krise in Relation zu den Refinanzierungskosten viel höher als in Normalzeiten (die Zinsspanne steigt im Ausmaß der höheren Risikoprämie), gleichzeitig behindert aber das überhöhte Zinsniveau eine Überwindung der Krise.

Dieser vom Markt geschaffene Teufelskreis kann nur durch die nächsthöhere Ebene, die Wirtschaftpolitik, durchbrochen werden, und zwar auf dreifache Weise:

- Übernahme der Ausfallshaftung durch die Zentralbank bzw. den Staat: Dies sollte insbesondere für Kredite an Unternehmen und Haushalte gelten, die makroökonomisch besonders wichtige Projekte finanzieren (etwa die thermische Gebäudesanierung oder andere unten angeführte Projekte).
- Festsetzung von Obergrenzen für das durchschnittliche effektive Kreditzinsniveau einer Bank. Damit verbleibt der Bank die Freiheit, die Unterschiede zwischen den Kreditkosten verschiedener Projekte zu bestimmen (entsprechend der unterschiedlichen Risikobewertung), die Höhe der durchschnittlichen Kreditkosten ist aber beschränkt.
- Direktfinanzierung der Staatshaushalte im Euro-Raum

durch die EZB: Nur so kann verhindert werden, dass der Teufelskreis zwischen Risikobewertung von Staatspapieren und immer höheren Zinskosten für die Staatsschuld von Banken genützt wird, um immer mehr hochverzinsliche Staatstitel zu akkumulieren statt Kredite an Unternehmen und Haushalte zu vergeben. Dies würde überdies den Euro-Ländern gleiche Bedingungen für die Finanzierung der Staatsschuld einräumen wie in den USA. Denn dort finanziert die Notenbank den Staat direkt (siehe dazu Näheres im nächsten Abschnitt).

- Gründung von Venture Capital Banks als Public Private Partnerships: Dies soll sicher stellen, dass innovative und (daher) riskante Projekte von (Jung-) Unternehmern auch bei einer wesentlich stärkeren Regulierung des Zinsniveaus finanziert werden.

Das bisherige Verhalten der Banken in der Krise zeigt, dass nur eine Kombination der angeführten Maßnahmen das effektive Zinsniveau für Kredite an Unternehmen und Haushalte nachhaltig senken kann. Zwar hat die EZB den Leitzins bis auf ein Prozent gesenkt, das allein hat das Kreditangebot für die Realwirtschaft aber nicht günstiger gemacht. Denn solange die Banken mit dem billigen Geld hochverzinsliche Staatsanleihen von Euro-Ländern erwerben können, werden sie nicht zu günstigeren Konditionen an Unternehmen oder Haushalte verleihen. De facto fließt damit ein erheblicher Teil der durch Konsolidierungsbemühungen (in Zukunft) eingesparten Mittel den Banken als (überhöhte) Zinseinnahmen zu.

Ein deutlich niedrigeres Zinsniveau in Europa hätte einen weiteren positiven Effekt, es würde zu einer Aufwertung des noch immer unterbewerteten Dollar gegenüber dem Euro beitragen. Denn das faire Niveau des Dollar/Euro-Kurses liegt bei etwa 1,1 – bei diesem Wechselkurs wären ein repräsentatives Bündel international gehandelter Güter und Dienstleistungen »Made in USA« und »Made in Euro area« gleich teuer. Anders gesagt: Entspricht der Wechselkurs dieser Kaufkraftparität von Tradables, so haben weder die USA noch die Euro-Zone einen unfairen Preisvorteil im internationalen Handel (Schulmeister, 2005).

15.2. Eindämmung der »Finanzalchemie« von Banken, Hedge Funds und Brokern

Der Finanzsektor ist für das Funktionieren einer kapitalistischen Marktwirtschaft von fundamentaler Bedeutung, aber nur, wenn er der Sicherung und Vermehrung des Finanzvermögens der Sparer durch Veranlagung in der Realwirtschaft dient und realwirtschaftliche Aktivitäten durch Investitionsfinanzierung, Abwicklung des Außenhandels, Kurssicherungsgeschäfte, Bankgarantien etc. fördert. In den vergangenen 35 Jahren haben hingegen solche Aktivitäten immer mehr Bedeutung erlangt, durch die das Geld selbstreferenziell arbeiten soll, also ohne »Umweg« über die Realwirtschaft: Dazu gehören alle Arten kurzfristig-destabilisierender Spekulation, insbesondere mit Finanzderivaten, seien es standardisierte wie die auf Börsen gehandelten Futures und Optionen, seien es maßgeschneiderte Instrumente wie die Over-The-Counter (OTC) gehandelten Collateral Debt Obligations (CDOs) oder Swaps aller Art.

Die zunehmende Bedeutung »finanzalchemistischer« Aktivitäten ist eine wesentliche Komponente, durch die der Finanzkapitalismus den Boden für seinen Zusammenbruch bereitet. Denn diese Aktivitäten destabilisieren die wichtigsten Preise in der Weltwirtschaft wie Wechselkurse, Rohstoffpreise und Aktienkurse und schaffen (dadurch) Finanzvermögen, das keine realwirtschaftliche Deckung hat.

Um einen Zusammenbruch des gesamten Finanzsystems zu verhindern, müssen diese Aktivitäten schrittweise reduziert werden. Diesem Ziel dienen die Einführung einer Finanztransaktionssteuer (siehe Abschnitt 15.3) sowie folgende regulierende Maßnahmen (sie sollten am besten global erfolgen, die EU könnte und sollte die Vorreiterrolle übernehmen):

- Sämtliche Finanztransaktionen müssen über zentrale, elektronische Handelssysteme abgewickelt werden. Dies betrifft den gewaltig angewachsenen OTC-Markt. Nur dadurch kann sich die Finanzmarktaufsicht einen Überblick verschaffen über die offenen (spekulativen) Positionen wichtiger Akteure und das damit verbundene (systemische) Risiko (hätte man gewusst, dass AIG Milliardenforderungen gegen Lehman Brothers durch CDSs garantierte, man hätte die Bank wohl nicht in den Konkurs geschickt).
- Bestimmte auf »Finanzalchemie« spezialisierte Banken wie Goldman Sachs, Deutsche Bank, Morgan Stanley, JPMorgan, PNP Paribas, Royal Bank of Scotland (RBS) haben in den letzten Jahren die finanzielle Notlage von Staaten, Ländern, Gemeinden und öffentlichen Unternehmen genützt, um sie zu hochriskanten Derivatgeschäften zu verführen, die ihre Not zwar kurzfristig linderten, später aber enorme Verluste (= Gewinne der Banken) verursachten. Diese Geschäfte sind zu evaluieren und je nach Ergebnis einzuschränken oder zu verbieten.[16]
- Viele »Finanzalchemiebanken« (FAB) und Hedge Funds haben nach Ausbruch der Hypothekarkreditkrise in den USA massiv auf einen Anstieg der Rohstoffpreise spekuliert, indem sie auf den Derivatbör-

sen Long Positions aufbauten. Dies hat den Preisboom verstärkt. Den nachfolgenden Preisverfall nützten und verstärkten diese Akteure durch Short Positions. Aus diesen Erfahrungen lässt sich schließen: Das Eingehen offener Positionen auf den Rohstoffderivatmärkten durch Akteure, die zu den entsprechenden Rohstoffen keinerlei realwirtschaftliche Beziehung haben (wie alle Finanzinvestoren), sollten beschränkt oder überhaupt verboten werden.[17]

• In nahezu allen Industrieländern, insbesondere auch in Deutschland und Österreich, nimmt die Finanzspekulation der Amateure immer mehr zu. Sie sind es, die letztlich mit ihren Verlusten die Gewinne der professionellen Spieler ermöglichen (es handelt sich ja um Nullsummenspiele). Deshalb regen auch seriöse Banken – oft via Tochtergesellschaften – spekulative Aktivitäten ihrer Kunden an und fördern diese durch Beratung und Seminare und andere Fortbildung in der »Kunst des Tradings«. Diese Tätigkeiten müssen transparent gemacht und (dadurch) eingeschränkt werden.

Nach Beschluss des Rettungspakets für Griechenland in Höhe von 110 Milliarden Euro haben sich die Finanzmärkte nicht beruhigt. Im Gegenteil, die Spekulation gegen andere Euro-Staaten und deren Anleihen hat massiv zugenommen. In dieser Notlage beschlossen EU und EZB am 8./9. Mai 2010 einen Fonds in Höhe von 750 Milliarden Euro (teilweise auch aus Mitteln des Internationalen Währungsfonds gespeist), um Euro-Länder vor Spekulation und im Extremfall einem Staatsbankrott zu retten. Dem gleichen Zweck dient die Ankündigung der EZB, sich am Handel mit Staatsanleihen zu beteiligen.

Damit allein kann die Bedrohung durch die »Finanzalchemisten« vielleicht gemildert werden, ihr Grundgeschäft mit der Angst vor Staatsbankrotts werden sie aber weiter betreiben: Unter Hinweis auf das unterschiedliche Risiko von Staatspapieren der einzelnen Euro- bzw. EU-Länder können sie im Wechselspiel von CDS-Spekulation und Handel mit echten Staatsanleihen deren Risikoprämien und damit deren Zinsniveau in die Höhe treiben. Der Rettungsfonds bzw. die EZB könnten dies durch Stützungskäufe von Staatspapieren lediglich abmildern.

Grotesk ist der Gesamtzusammenhang: Die »Finanzalchemisten« borgen sich bei der EZB Geld zu einem Prozent und kaufen damit portugiesische, spanische oder irische Staatsanleihen mit einer Verzinsung von sechs Prozent oder mehr, wobei dieses niedrige Zinsniveau nur durch Stützungskäufe des Fonds mit Hilfe von EZB-Geld erreicht wird …

Da braucht es eine andere, gründlichere Lösung (teilweise in Analogie zur Reaktion von Regierung und Notenbank der USA in Bezug auf die systemrelevanten Banken nach der Lehman-Pleite):

- Die höchsten Instanzen der EU, die EZB und der (künftige) Europäische Währungsfonds (EWF) geben eine Garantie für die Staatsschuld sämtlicher Mitgliedsländer der Union ab. Damit gibt es keinen Grund für Risikoprämien.
- EU, EZB und EWF legen gemeinsam Zinsniveaus für neu emittierte Staatspapiere fest. Diese sind echte Euro-Bonds, garantiert von der gesamten Staatengemeinschaft.
- Daher orientiert sich das Niveau der Euro-Anleihenzinsen an dem für Triple-A-Schuldner wie die USA oder Deutschland gültigen Zinsen. Die Euro-Anleihenzinsen differieren zwar nach der Laufzeit, nicht aber nach Ländern. Für eine 10-Jahres-Anleihe läge der Zins derzeit bei höchstens vier Prozent.
- Wenn diese Bedingungen glasklar gemacht werden

(und das EWF-Volumen von 750 Milliarden Euro stärkt die Glaubwürdigkeit einer solchen Strategie enorm), dann hört sich das Spiel mit dem Hinauftreiben der Risikoprämien auf.

- Gleichzeitig werden die Staatspapiere genügend Anleger finden. Denn es existiert ein enormes Volumen an Finanzkapital, das angesichts der Instabilität von Finanz- und Rohstoffmärkten und der unsicheren Wirtschaftslage einen relativ sicheren Hafen sucht.
- Im Vergleich zu anderen Ländern, insbesondere auch den USA, ist die EU ein relativ stabiler Wirtschaftsraum, freilich müssen die europäischen Wachstumsaussichten noch durch einen »New Deal« verbessert werden.
- Jene Neuemissionen, die zu diesen Konditionen keine privaten Abnehmer finden, werden vom EWF gekauft.
- Dieses Konzept erfordert eine nachhaltige Konsolidierung der öffentlichen Finanzen, allerdings nicht durch Sparen, sondern durch eine expansive Strategie (wie in diesem Essay ausgeführt).
- Der Konsolidierungsprozess wird von EU und EWF koordiniert und überwacht.
- Kauf und Verkauf von bereits emittierten Anleihen sollten nicht über den Sekundärmarkt erfolgen, sondern von einer öffentlichen Institution als Broker organisiert werden, am besten von jener Einrichtung, welche (in Zukunft) auch den Emissionsprozess durchführt (Investmentbanken sind von diesem Geschäft auszuschließen).

Im Grunde entspricht diese Strategie jener der USA: Dort hat die Notenbank nach der Lehman-Pleite durch das Troubled Asset Relief Program sofort 700 Milliarden zur Verfügung gestellt und zusätzlich in den letzten 18 Monaten weitere Staatspapiere angekauft, um der Regierung finanziellen Spielraum für die Bekämpfung der Krise zu schaffen und insbesondere zu verhindern, dass sie schon zur Unzeit – also bereits 2011 – mit der Konsolidierung beginnt.

Wird die oben skizzierte Strategie nicht gewählt, so werden langsam aber sicher die Risikoprämien auch für Anleihen von bisher als unsinkbar geltender Staaten steigen, weil die höhere Zinsbelastung eine Insolvenz selbst dieser Staaten denkbar werden lässt und weil gleichzeitig die Aktienkurse einbrechen. Dann wird ein EU-weit koordiniertes Ausgleichsverfahren für die Staatsschulden und eine Verstaatlichung aller systemrelevanten Banken unvermeidlich sein. Dies sollte auch als Chance wahrgenommen werden, den Finanzsektor wieder zu einem Dienstleister für die Realwirtschaft zu machen.

15.3. Einführung einer generellen Finanztransaktionssteuer

Sowohl die Destabilisierung der Finanzmärkte infolge »finanzalchemistischer« Spekulationen als auch die prekäre Lage der Staatsfinanzen in allen EU-Ländern erfordern die rasche Einführung einer generellen Finanztransaktionssteuer (FTS) in der EU ohne eine Einigung auf globaler Ebene abzuwarten.

Da es in der europäischen Zeitzone keine Finanzplätze gibt, die mit London oder Frankfurt konkurrieren können, würde eine geringfügige FTS (zwischen 0,01 Prozent und 0,1 Prozent) zu keinen massiven Abwanderungen aus der EU führen. Außerdem wäre eine Reduktion finanzkapitalistischer Aktivitäten auch auf diesem Weg eher ein Vorteil als ein Nachteil für die europäische Wirtschaft. Denn deren Stärke liegt mehr in der Produktion hochwertiger Industriewaren und Dienstleistungen als in der Kunst, aus Geld mehr Geld zu machen (Großbritannien, die Schweiz samt Liechtenstein sowie Luxemburg sind die Ausnahmen, doch gerade die britische Wirtschaft wird sich in jedem Fall auf eine massive Reduktion ihres Finanzsektors einstellen müssen – wir stehen ja am Anfang vom Ende des finanzkapitalistischen Zeitalters).

Technisch wäre die Einführung einer FTS in der EU kein Problem, da sämtliche Transaktionen mehrfach elektronisch erfasst werden. Im Klartext: Die FTS könnte als Quellensteuer realisiert werden, indem sie direkt bei den Settlement/Payment Systems auf elektronischem Weg abgeführt wird (auch reine Informationssysteme wie SWIFT ließen sich für diesen Zweck nützen – wenn die EU schon den USA Zugriff auf diese Daten erlaubt, wird sie es den eigenen Mitgliedern nicht verwehren können).

In Deutschland lägen die Einnahmen zwischen 2,1 und 0,4 Prozent des BIP, je nach Steuersatz und Szenario. Wegen der enormen Konzentration der Transaktionen auf den Finanzplatz London wäre der Steuerertrag in der gesamten EU etwas höher (zwischen 3,1 Prozent und 0,6 Prozent des BIP).

Die Aufteilung der Steuererträge erfolgt durch einen politischen Prozess. Dieser sollte sich an folgendem Konzept orientieren (dieses berücksichtigt die Tatsache, dass die Transaktionen auf wenige Finanzplätze konzentriert sind – von den Börsentransaktionen in Europa entfallen fast 100 Prozent auf Großbritannien und Deutschland – und gleichzeitig Akteure aus allen EU-Ländern diese Finanzplätze nutzen):

• Einen Teil bekommt das jeweilige Land, in dem die Transaktion stattfindet (die elektronischen Börsen Eurex beziehungsweise Euronext werden Deutschland bzw. Großbritannien zugerechnet), gewissermaßen als Entgelt dafür, dass attraktive Marktplätze zur Verfügung gestellt werden.

• Einen Teil bekommen jene Länder, von denen die Transaktionen ausgehen. Wenn etwa eine österreichische Bank eine Transaktion an der Euronext durchführt, wird sie Österreich zugerechnet.

• Einen Teil sollte die EU erhalten als erste Komponente einer eigenständigen Einnahmenbasis der Union (eine Steuer, die überwiegend internationale Transaktionen als Basis hat, eignet sich dafür besonders gut).

Das Modell einer »Drittelparität« wäre ein guter Ausgangspunkt für die politischen Verhandlungen zur Aufteilung der FTS-Erträge.

15.4. Neugestaltung der steuerlichen Rahmenbedingungen in der EU

Die Einführung einer FTS sollte Teil eines Prozesses sein, durch den das Steuersystem innerhalb der EU schrittweise harmonisiert wird. Eine solche Angleichung ist nicht nur notwendig, um den Integrationsprozess voranzutreiben bzw. die Gegentendenz eines Steuersenkungswettbewerbs zu verhindern, sondern sollte als wesentliche Komponente einer Gesamtstrategie einerseits Aktivitäten auf Gütermärkten im Vergleich zu solchen auf Finanzmärkten besserstellen und andererseits den Verbrauch nicht erneuerbarer und umweltschädigender Ressourcen stärker belasten.

Die wichtigsten Elemente einer Harmonisierung und Neugestaltung der steuerlichen Rahmenbedingungen sollten sein:

• Höhere Besteuerung der Erträge aus Finanzvermögen relativ zu Gewinnen aus Realkapitalbildung und unternehmerischer Tätigkeit: Nicht zuletzt wegen der viel größeren Mobilität des Finanzkapitals im Vergleich zum Realkapital und seiner uneinheitlichen Besteuerung, insbesondere einer häufigen Besserstellung ausländischer Anleger gegenüber Inländern, wird derzeit die Bildung von Produktivkapital steuerlich relativ zur Finanzveranlagung benachteiligt.

• (Höhere) Besteuerung von Spekulationsgewinnen aus Transaktionen auf Finanzmärkten, insbesondere mit Hilfe der Derivate: Derzeit sind solche Gewinne in vielen Fällen überhaupt steuerfrei, wodurch Finanzaktivitäten im Vergleich zu langfristig-spekulativen Tätigkeiten auf Gütermärkten (realwirtschaftliche Innovationen und Investitionen) wesentlich schlechter gestellt werden.

• Berücksichtigung aller sozialen Kosten bei Gestaltung der Steuer- und Abgabenbelastung von Verkehrsleistungen (Treibhausgase, sonstige Schadstoffe, Lärmbelästigung). Eine EU-einheitliche Realisierung des Prinzips der Kostenwahrheit sollte nicht nur das Verhältnis zwischen Straße und Schiene betreffen, sondern etwa auch die Abgabenfreiheit des Treibstoffverbrauchs im Luftverkehr (ein besonders markantes Beispiel für die Relevanz des Gefangenendilemmas in den internationalen Wirtschaftsbeziehungen).

• Einführung einer einheitlichen Besteuerung des Verbrauchs nicht erneuerbarer Ressourcen, insbesondere fossiler Brennstoffe für die Energiegewinnung bei gleichzeitiger steuerlicher Entlastung des Faktors Arbeit. Diese Maßnahmen würden die Ressourcenintensität des Wachstumsprozesses senken und gleichzeitig seine Beschäftigungsintensität steigern.

15.5. Neue Arbeitszeitmodelle als soziale
Basisinnovationen

Prosperitätsphasen in der langfristigen Wirtschaftsentwicklung sind durch eine Kohärenz zwischen der technischen und der sozialen Innovationsdynamik charakterisiert. Dabei geht die technische Basisinnovation der
sozialen voran. Dazu ein konkretes Beispiel aus dem
vergangenen Jahrhundert.

Ende der 1920er Jahre gelang Henry Ford mit der Fließ-
bandtechnologie der entscheidende Schritt zur industriel-
len (»fordistischen«) Massenproduktion. Das Potenzial
dieser technischen Basisinnovation konnte jedoch erst in
den 1950er und 1960er Jahren ausgeschöpft werden, denn
erst dann stand die korrespondierende soziale Basisinnovation in Gestalt des Keynesianismus zur Verfügung, der
die Stärkung der Massenkaufkraft wissenschaftlich legitimierte und wirtschaftspolitisch realisierte (eingebettet in
den »großen Konsens« zwischen Realkapital und Arbeit).

Ein anderes Beispiel aus der vorangegangenen (realkapitalistischen) Prosperitätsphase zwischen 1890 und
1914: Die enormen Fortschritte in der Verkehrstechno-
logie (Eisenbahn und Schifffahrt) seit Mitte des 19. Jahrhunderts erhöhten das Potenzial für den internationalen
Handel, voll ausgeschöpft wurde es nicht zuletzt durch die
soziale Innovation eines stabilen Weltwährungssystems
mit festen Wechselkursen, also durch den zwischen 1890
und 1914 nahezu weltweit herrschenden Goldstandard.

In den vergangenen dreißig Jahren hat die technische
Basisinnovation der Mikroelektronik die Welt verändert.
Allerdings sind – entgegen den Erwartungen der kon-
ventionellen Wachstumstheorie – Gesamtwirtschaft und
Produktivität merklich schwächer gewachsen als in den
1950er und 1960er Jahren, in denen keine technische Ba-

sisinnovation realisiert wurde. In den vergangenen dreißig Jahren hat nämlich eine soziale Disinnovation, die Rückkehr zum wirtschaftswissenschaftlichen Paradigma der 1920er und 1930er Jahre, die Diskrepanz zwischen dem wirtschaftlichen Potenzial (dieses wurde durch die Mirkoelektronik enorm erweitert) und seiner konkreten Ausschöpfung (das realisierte Wirtschaftswachstum sank) immer größer werden lassen.

Mit der Rückkehr zur »Laissez-faire-Theorie« wurde ja die wissenschaftliche Legitimation für die Entfesselung der Finanzmärkte geschaffen, der wichtigste Schritt in der Verlagerung des Gewinnstrebens von realwirtschaftlichen Aktivitäten zu Finanzveranlagung und -spekulation. Die »finanzalchemistischen« Aktivitäten, insbesondere das immer schnellere Trading, wurden wiederum durch die neuen Informationstechniken, insbesondere auch das Internet, gefördert.

Der markanteste Ausdruck der Diskrepanz zwischen der technischen Innovation und der sozialen Disinnovation ist die hohe Arbeitslosigkeit (sie wird durch die statistischen Arbeitslosenquoten massiv unterschätzt, weil diese die vielen Entmutigten nicht erfassen) sowie die massenweise Ausbreitung atypischer Beschäftigungsverhältnisse.

Die wichtigste soziale Innovation, durch die der technische Fortschritt ausgeschöpft und gleichzeitig die Beschäftigungslage und (damit) die Lebensqualität verbessert werden kann, besteht in der Entwicklung neuer, flexibler Arbeitszeitmodelle. Diese würden einerseits die Lebensarbeitszeit senken und sie andererseits gleichmäßiger verteilen, und zwar sowohl zwischen Personen als auch zwischen unterschiedlichen Lebensabschnitten. Ziel dieser Arbeitszeitmodelle ist es, technischen Fortschritt und sozialen Zusammenhalt langfristig zu integrieren.

Der zweite Typ von innovativem Arbeitszeitmodell zielt darauf ab, die Auswirkungen von Produktionseinbrüchen auf die Beschäftigungslage zu verringern, also die konjunkturelle Instabilität und den sozialen Zusammenhalt kurzfristig zu integrieren. Dabei geht es darum, die positiven Erfahrungen, die in der jüngsten Krise mit Kurzarbeitsmodellen gemacht wurden (insbesondere in Deutschland), zu verallgemeinern. Im Prinzip ist es – nicht zuletzt durch das Potenzial der Informationstechnologien – möglich, den Rückgang des Arbeitsvolumens infolge eines Konjunktureinbruchs nicht durch steigende Arbeitslosigkeit, sondern durch – nach Betrieben unterschiedliche – Reduktion der Arbeitszeit zu realisieren, und zwar nicht nur in der Industrie, sondern generell. Die Entwicklung praxistauglicher Modelle, die dies leisten, stellt eine soziale Basisinnovation dar: Das Problem der Arbeitslosigkeit würde dadurch nachhaltig entschärft.

Zunächst möchte ich die Notwendigkeit und das Potenzial langfristig orientierter Lebensarbeitszeitmodelle behandeln – sie betreffen den Zusammenhang zwischen technischem Fortschritt/Wirtschaftswachstum und Arbeitszeit – und danach die Kurzarbeitsmodelle – sie betreffen den Zusammenhang Konjunktur und Arbeitszeit.

15.5.1. Neue Lebensarbeitszeitmodelle

Vier einfache Hauptgründe erfordern in den Industrieländern eine langfristige Reduktion der Lebensarbeitszeit:

- Selbst wenn es nach Jahren der Transformationskrise zu einem nachhaltigen Wirtschaftsaufschwung kommt, wird die bis dahin weiter angestiegene Sockelarbeitslosigkeit viel zu hoch sein, als dass sie durch das Wirtschaftswachstum allein beseitigt werden könnte. Dazu bedürfte es in den meisten Industrieländern eines Wachstums von mindestens drei Prozent pro Jahr, und das über viele Jahre (unter der plausiblen Annahme, dass der technische Fortschritt einen jährlichen Anstieg der Stundenproduktivität um etwa zwei Prozent ermöglicht).

• Eine solche Wachstumsdynamik würde die ökologische Kapazität des »Raumschiffs Erde« sprengen. Denn da jene 85 Prozent der Weltbevölkerung, die außerhalb der Industrieländer in oft erbärmlichen Verhältnissen existieren, ihren Lebensstandard heben und daher ein langfristig höheres Wachstum des BIP pro Kopf anstreben und realisieren werden, würde die Weltwirtschaft insgesamt um gut fünf Prozent pro Jahr expandieren müssen, das ist – nicht zuletzt im Hinblick auf den Klimawandel – ökologisch nicht verkraftbar.

• Angesichts dieser Restriktion und der Tatsache, dass in den Industrieländern schon ein erheblicher Wohlstand geschaffen wurde, sollten sie gewissermaßen in einen partiellen Ruhestand eintreten, also den Großteil des Produktionswachstums den weniger entwickelten Ländern überlassen und den Gewinn aus dem technischen Fortschritt in Form von mehr Lebensfreizeit statt in höheren Realeinkommen lukrieren. Das setzt allerdings gleichzeitig eine Verringerung der Ungleichheit in der Verteilung von Einkommen und Lebenschancen voraus. Denn in den vergangenen dreißig Jahren haben Armut und soziale Ausgrenzung massiv zugenommen, obwohl die Gesamteinkommen merklich stiegen.[18]

• Die derzeit noch immer praktizierte Einteilung der Lebenszeit in drei Blöcke, Freizeit- und dann zunehmend Ausbildungsphase in Block 1 (0 bis ca. 20/25 Jahre), Arbeitsphase in Block 2 (20/25 Jahre bis ca. 60/65 Jahre) und (überwiegend) Freizeit in der Restphase von Block 3 (ab 60/65 Jahre) stammt aus einer Zeit, in der das Leben auf die Reproduktion zentriert war. Diese Gliederung erleichterte den Unternehmen, den Haushalten und dem Staat die Wahrnehmung ihrer Aufgaben zum Erwerb des Lebensunterhalts sowie zur Reproduktion von Familie und Gesellschaftssystem. Mit dem in den letzten sechzig Jahren in (Zentral-)Europa geschaffenen Wohlstand, dem anhaltenden Anstieg der Produktivität und insbesondere mit den Möglichkeiten der Mikroelektronik zur Flexibilisierung der Produktionsprozesse, ist diese Gliederung weitgehend obsolet geworden. Die langfristige Reduktion der Lebensarbeitzeit sollte daher für eine viel stärkere Durchmischung von Ausbildung-, Arbeits- und Freizeit genutzt werden.[19]

Die Bereitschaft der Unternehmer, eine schrittweise Verkürzung der Lebensarbeitszeit mitzutragen, würde am ehesten dann erreicht werden, wenn die neuen Arbeitszeitmodelle gleichzeitig eine bessere Auslastung des Realkapitals ermöglichen, also die Gewinnlage verbessern. Dass dies möglich ist, zeigen die schon in den 1990er Jahren bei Unternehmen wie Volkswagen oder BMW eingeführten Arbeitszeitmodelle. Sie können als beispielhaft für essenzielle Elemente eines auch im Hinblick auf das Verhältnis von Arbeit und Freizeit erneuerten Europäischen Modells gelten:

- Erzeugung und Implementierung von technischem Fortschritt durch Prozess- und Produktinnovationen.
- Sicherung der Beschäftigung trotz eines enormen Produktivitätswachstums durch Flexibilisierung und Re-

duktion der Arbeitszeit pro Kopf. Im Gegenzug waren die Arbeitnehmer zu einem Lohnverzicht bereit, der allerdings kleiner war als das Ausmaß der Arbeitszeitverkürzung.

- Kostensenkung durch die höhere Auslastung des Realkapitals als Folge der Entkoppelung von betrieblicher und persönlicher Arbeitszeit.
- Die Effizienzsteigerung durch die neuen Arbeitszeitmodelle war so hoch, dass die Lohn- und Kapitalstückkosten insgesamt nicht zunahmen, obwohl die effektiven Stundenlöhne deutlich stiegen.
- Die Sicherung der Beschäftigung stärkte das wechselseitige Vertrauen zwischen Belegschaft und Management und damit auch die Corporate Identity, die wiederum auf die Motivation, Innovationssfreude und Flexibilität der Mitarbeiter positiv zurückwirkt.

Die Arbeitszeitmodelle von VW oder BMW können insofern als vorbildhaft gelten, als sie in spezifischer Weise den Leitlinien eines europäischen Weges zurück zur Vollbeschäftigung entsprechen. Dies gilt insbesondere für die Komplementierung der technischen Innovationen durch soziale Innovationen, die Vermeidung einer Spaltung zwischen Arbeitslosen und Beschäftigten durch eine intensive Kooperation zwischen Unternehmern, Arbeitnehmern und dem Staat, sowie für die dadurch geförderte Corporate Identity.

Allerdings kann die Bewältigung des potenziellen Konflikts zwischen Produktivitätsfortschritt und Beschäftigungswachstum durch einzelne Konzerne nicht auf andere Branchen direkt übertragen werden. Wegen der Unterschiede im Produktivitätsfortschritt und im Niveau der Reallöhne zwischen den einzelnen Branchen sowie wegen der unterschiedlichen Lohnstrukturen innerhalb der Branchen müsste sowohl das Ausmaß der

Arbeitszeitverkürzung als auch des Lohnausgleichs nach Branchen und/oder Unternehmen differenziert werden. Es geht also letztlich darum, die jeweils optimale Kombination verschiedener Maßnahmen zu finden. Folgende Varianten stellen die wichtigsten Komponenten innovativer Modelle zur Flexibilisierung und Verkürzung der Lebensarbeitszeit dar:

- (Weitere) Entkoppelung von Betriebs- und Arbeitszeit.
- Verkürzung der Wochenarbeitszeit, insbesondere durch variable Schichtmodelle.[20]
- Anpassung des Arbeitseinsatzes an Produktionsschwankungen (siehe den nächsten Abschnitt zur Kurzarbeit).
- Abbau von Überstunden, insbesondere von regelmäßig geleisteten.
- Ausweitung und Flexibilisierung von freiwilliger Teilzeitarbeit.
- Bildungskarenz und Job Rotation.
- Job Sharing.
- Implementierung von Solidarprämienmodellen, bei denen das Arbeitsmarktservice/Bundesanstalt für Arbeit durch Prämien den Anreiz für bestimmte Gruppen von Arbeitnehmern erhöht, die eigene Arbeitszeit zugunsten von Ersatzarbeitskräften zu senken.
- Ausweitung der Gleitpension.

Alle auf eine Verkürzung und Flexibilisierung der Lebensarbeitszeit abzielenden Modelle sind als Optionen zu konzipieren, ihre Inanspruchnahme erfolgt grundsätzlich auf freiwilliger Basis. Ziel ist es ja nur, das durchschnittliche Arbeitsvolumen (in Lebensarbeitsstunden) pro ArbeitnehmerIn geringfügig zu senken (um ein bis zwei Prozent pro Jahr, je nach der langfristigen Entwicklung von Produktion und Produktivität), und dazu reicht es, wenn relativ wenige Menschen das eine oder andere

Arbeitzeitmodell in Anspruch nehmen (dies ist ein fundamentaler Unterschied zu einer generellen Verkürzung der Wochenarbeitszeit).

Abschließend eine grundsätzliche Anmerkung: Maßnahmen für eine langfristige und flexible Verkürzung der Lebensarbeitszeit in den Industrieländern basieren auf der Einsicht, dass Wirtschaften kein Selbstzweck ist, sondern darauf abzielen sollte, die Bedingungen für ein »gut Leben« zu verbessern. Je höher Einkommen und Wohlstand sind, desto weniger wird dies durch noch mehr Konsum gelingen, eher durch mehr Genuss von freier Zeit zwecks individueller Entfaltung und Pflege der Beziehungen zu anderen Menschen. Dieser Gedanke ist ein wesentliches Element des gesellschaftspolitischen Fundaments von Keynes' Theorien.[21]

15.5.2. Arbeitszeitmodelle für Konjunktureinbrüche: Kurzarbeit statt Arbeitslosigkeit

Deutschland wurde von der Krise besonders massiv getroffen, seine Gesamtproduktion sank 2009 wesentlich stärker als im EU-Durchschnitt. Dennoch ist die Zahl der Arbeitslosen in Deutschland viel schwächer gestiegen als in den meisten anderen EU-Ländern. Für diesen Erfolg war die im Rahmen des Konjunkturpakets II beschlossene Förderung der Kurzarbeit bestimmend.

Hauptgrund für diesen Unterschied: Für Unternehmer in Deutschland ist Kurzarbeit attraktiver als in anderen Ländern wie Österreich, nicht zuletzt durch neue Maßnahmen im deutschen Konjunkturpaket II: De facto bezahlt der Unternehmer nur mehr Lohnkosten im Ausmaß der tatsächlich geleisteten Arbeitszeit. Die Bundesagentur für Arbeit (BA) schießt das Kurzarbeitergeld zu, sodass ein Kurzarbeiter etwa bei einer auf die Hälfte reduzierten Arbeitszeit etwa 85 Prozent seines normalen Nettogehalts bekommt.

Kürzlich hat der Deutsche Bundestag beschlossen, die maximale Dauer von Kurzarbeit auf 24 Monate zu strecken und die Gültigkeit des gesamten Modells bis 2012 zu verlängern.

Der Erfolg des deutschen Modells legt nahe, EU-weit folgendes großes Ziel anzustreben, und zwar nicht nur für die gegenwärtige Krise, sondern auch für die Zukunft: Die durch Konjunktureinbrüche erzwungene Verringerung des gesamten Arbeitsvolumens (Gesamtstunden) wird durch Verkürzung der effektiven Arbeitszeit bewältigt und nicht durch eine Aufspaltung der Gesellschaft in Beschäftigte und Arbeitslose. Dafür sprechen ökonomische, soziale und politische Gründe:

- Die Qualifikationen der Arbeitskräfte bleiben erhalten.
- Die Anpassung der Produktionsabläufe durch Arbeitszeitverkürzung ist zumeist leichter zu bewältigen als durch Verringerung des Personalstands.
- Die Corporate Identity in den Unternehmen wird gestärkt.
- Im Gegensatz zu einer generellen Arbeitszeitverkürzung ist Kurzarbeit auf die unterschiedliche Auftragslage nach Betrieben abgestimmt.
- Die Konsumnachfrage wird stabilisiert, nicht zuletzt, weil Angst gemindert und Zuversicht gestärkt wird.
- Das gemeinsame Interesse von Arbeitnehmern und Unternehmern an einer solchen Bewältigung der Krise, in der soziale Sicherheit und ökonomische Effizienz erhalten bleiben, wird ins Zentrum gerückt.

Um das »große Ziel« so weit wie möglich zu verwirklichen, müsste die EU-Kommission den einzelnen Mitgliedländern empfehlen, Kurzarbeitsmodelle (KAM) nach deutschem Vorbild und damit entsprechend folgender Leitlinien zu implementieren:

- Kurzarbeit soll für den Unternehmer im Fall eines massiven Konjunktureinbruchs attraktiver sein als Kündigung (was ein massiver Einbruch ist, wäre zu definieren, etwa ein wahrscheinlicher Rückgang des BIP um mehr als zwei Prozent über zumindest zwei Quartale – damit die Politik frühzeitig/antizipativ auf einen Wirtschaftseinbruch reagieren kann, bestimmt sie den Zeitpunkt, ab wann die Kurzarbeitsregelung gilt).
- Die Unternehmer bezahlen nur die tatsächlich geleistete Arbeitszeit, es gibt keine Behaltepflicht für die Zeit nach Auslaufen der Kurzarbeit.
- Das KAM muss auch für Klein- und Mittelbetriebe praktikabel sein, gleichzeitig ist Prävention gegen Missbrauch vorzusehen.
- Die Nettoeinkommen der KurzarbeiterInnen werden von der staatlichen Arbeitsagentur gestützt und zwar auf eine solche Weise, dass diese nur um maximal 25 Prozent geringer sind als ihr Normaleinkommen (bei extremer Verkürzung der Arbeitszeit um mehr als 50 Prozent).
- Das Nettoeinkommen sinkt stark unterproportional mit der Reduktion der Arbeitszeit (im Gegensatz zur bisherigen Regelung in Österreich, wo der Nettolohn etwa in der Metallbranche bei 90 Prozent liegt, egal ob die Arbeitszeit um 20 oder 60 Prozent gesenkt wird).

Eine solche Reform würde Kurzarbeit in nahezu allen Ländern für die Unternehmer billiger und für den Staat teurer machen (auch wenn man das ersparte Arbeitslosengeld berücksichtigt). Letzteres gilt aber nur in kurzfristig-buchhalterischer Betrachtung. Längerfristig sind die Kosten einer anhaltenden Spaltung der Gesellschaft in immer weniger Beschäftigte und immer mehr Arbeitslose viel teurer. Diese Spaltung vertieft sich mit jeder schweren Rezession. Dies durch Kurzarbeitsmodelle in künftigen Konjunktureinbrüchen abzufangen, wäre eine soziale Innovation von enormer Tragweite.

Das Gegenargument, eine solche Regelung wirke strukturkonservierend, ist aus folgenden Gründen nicht stichhaltig:

- Die Kurzarbeitsmodelle gelten nur für den Fall eines massiven Konjunktureinbruchs. Deshalb würden jene Personen, die freigesetzt werden, weil es kein KAM gibt, mit hoher Wahrscheinlichkeit keinen anderen Job finden, ihre Qualifikation würde durch Arbeitslosigkeit nicht besser, sondern schlechter.
- Finden KurzarbeiterInnen eine bessere Stelle, können sie dorthin wechseln.
- Selbst den Unternehmern könnte man die Möglichkeit einräumen, sich auch bei aufrechter Kurzarbeit von einem Mitarbeiter zu trennen. Denn da der Unternehmer ohnehin nur die geleistete Arbeit bezahlen muss und diese bei einer Verschärfung der Rezession weiter gesenkt werden kann, wird ein solcher Fall kaum auftreten (der Vorteil geringerer Arbeitskosten durch Kündigung entfällt, gleichzeitig verliert der Unternehmer den Vorteil, eine bewährte Arbeitskraft für die Zeit nach der Rezession zu behalten).

Für die Unternehmer hätte ein solches KAM entscheidende Vorteile gegenüber einer Ausweitung des Durchrechnungszeitraums bei Arbeitszeitkonten:

- Bei Arbeitszeitkonten steigen die Lohnstückkosten (ausgerechnet) in der Rezession – wenn die Arbeitszeitguthaben aufgelöst werden – massiv an (die effektiven Stundenlöhne nehmen zu).
- Wenn ein Arbeitnehmer in der Rezession gekündigt wird, wird dies umso teurer, je länger der Durchrech-

nungszeitraum ist und je mehr Gutstunden der Arbeitnehmer (daher) akkumuliert hat.

15.6. Verbesserung der gesamteuropäischen Infrastruktur

Die Wachstumspolitik sollte den Rückstau an Infrastrukturinvestitionen insbesondere im Bereich der Erweiterung und Erneuerung der transeuropäischen Verkehrs- und Kommunikationsnetze aufarbeiten (der Anteil der öffentlichen Investitionen am BIP ist in Europa in den vergangenen zwanzig Jahren deutlich gesunken). Die Durchführung der dafür benötigten Investitionen würde wegen ihres Volumens und ihrer breiten regionalen Streuung eine unmittelbare Beschäftigungsausweitung ermöglichen. Überdies würde die effizientere Infrastruktur die Produktionsbedingungen für die Unternehmen verbessern und daher auch indirekt ein höheres Beschäftigungswachstum nach sich ziehen.

Allerdings sind diese schon vor mehr als zwanzig Jahren vom damaligen Kommissionspräsidenten Jacques Delors in seinem »EU-Weißbuch« entwickelten Konzepte bisher deshalb noch nicht in Angriff genommen worden, weil sich die Mitgliedsländer nicht auf eine gemeinsame Finanzierung einigen konnten (darin manifestiert sich die Präferenz der Regierungen für den nationalökonomischen Vorteil relativ zu kooperativen Gesamtstrategien, die die wirtschaftliche Lage im eigenen Land und in Gesamteuropa verbessern könnten). Deshalb sollten Formen der Finanzierung für gesamteuropäisch-öffentliche Investitionen forciert werden, welche die nationalen Budgets der einzelnen Länder nicht (voll) belasten, sei es durch Finanzierungsinstitutionen der EU wie die Europäische Investitionsbank oder durch Private-Public-Partnerships.

Besonderes Schwergewicht sollte auf eine grundlegende Erneuerung des Energiesystems gelegt werden, von der Produktion über die Distribution bis zum Verbrauch, und zwar sowohl wegen der Erschöpfbarkeit traditioneller Energiequellen (Erdöl) als auch wegen des Klimawandels.

15.7. Sonstige Maßnahmen einer ökologischen Gestaltung der Sozialen Marktwirtschaft

Neben dem Projekt der transeuropäischen Netze, einer Ökologisierung des Steuersystems und einer Erneuerung des Energiesystems sollte die Umgestaltung des Europäischen Modells zu einer ökosozialen Marktwirtschaft auch durch eine Vereinheitlichung der Umweltstandards und durch eine Förderung der zu ihrer Erreichung nötigen Innovationen und Investitionen vorangetrieben werden. Dies betrifft insbesondere eine forcierte Reduktion der Schadstoffemissionen von Unternehmen und Haushalten (verbesserte Abgas- und Abwasserreinigung, Förderung des Einsatzes von Kraft-Wärme-Kopplungen sowie sonstiger umweltverbessernder Investitionsgüter, thermische Gebäudesanierung etc.), aber auch die Sanierung von Altlasten wie Mülldeponien.

Eine solche Umweltoffensive würde nicht nur eine hohe Akzeptanz in der Bevölkerung haben (nicht zuletzt wegen des drohenden Klimawandels), sondern auch neue, großteils qualifizierte Arbeitsplätze schaffen und eine Spezialisierung Europas in Bereichen vorantreiben, die in den kommenden Jahrzehnten besonders stark expandieren werden: die umweltverbessernden Technologien.

15.8. Entwicklung und Anschaffung
umweltfreundlicher Autos

Angesichts des dramatischen Produktionseinbruchs um die Jahreswende 2008/2009 mag man die Verschrottungsprämien rechtfertigen, da sie die Nachfrage kurzfristig stark stimulierten. Langfristig ist es aber wesentlich klüger, EU-weit die Entwicklung und Produktion umweltfreundlicherer Autos mit alternativen Antriebslösungen zu fördern (dass es bis vor Kurzem noch kein einziges in der EU entwickeltes und produziertes Hybridauto gab, ist ein Armutszeugnis sowohl der Technologiepolitik wie der Unternehmensstrategien). Dazu bedarf es eines gesamteuropäisch vernetzten Gesamtplans mit folgenden Elementen:

- Heruntersetzung und zeitliches Vorziehen der CO_2-Obergrenzen auf jenes Niveau beziehungsweise jenen Zeitpunkt, den die europäische Autoindustrie gerade noch schaffen kann (in einer schweren Krise braucht sie nicht weniger, sondern mehr Zusatzaufgaben).
- Finanzielle Förderung der entsprechenden F&E-Aktivitäten.
- Günstige, weil durch Staatshaftungen abgesicherte, Finanzierung der nötigen Investitionen.
- Schrittweise Zusatzbesteuerung des Pkw-Bestands nach der jeweiligen CO_2-Emission (ab ca. 140g/km markant progressiv) als Anreiz zum Umstieg auf ein umweltschonendes Auto.
- Finanzielle Begünstigung einer solchen Neuanschaffung (statt Verschrottungsprämie).

Ein analoger Plan sollte für den Lkw-Bereich entwickelt und umgesetzt werden.

15.9. Partielle Ent-Ökonomisierung des Bildungssystems

Der durch die Wirtschaftswissenschaften legitimierte Primat der Ökonomie über die Politik und die Verlagerung der kapitalistischen Kernenergie, des Profitstrebens, von realwirtschaftlichen Aktivitäten zu Finanzveranlagung und -spekulation, verursachten folgende Paradoxie: Einerseits werden nahezu alle Lebensbereiche ökonomisiert, andererseits wird es immer schwerer, im System Ökonomie einen (Arbeits-)Platz zu finden.

Das (höhere) Bildungswesen wurde von diesen widersprüchlichen Tendenzen besonders betroffen:

- Die zunehmende Standardisierung von (Aus-)Bildungsqualitäten, nicht zuletzt im Sinne besserer Verwertbarkeit, entspricht der Ökonomisierung des Bildungswesens.

- Dies gilt weitgehend auch für die Übernahme der angloamerikanischen Gliederung der Universitätsstudien in drei Abschnitte, die mit dem Bachelor, Master und Doktorat abgeschlossen werden (wie im Bereich der Umwandlung des kontinentaleuropäischen Finanzsystems wird auch der Bologna-Prozess als Teil der notwendigen Globalisierung dargestellt, tatsächlich handelt es sich zu einem guten Teil um eine US-Amerikanisierung).

- Eine Steigerung der Akademikerquote wird als wirtschaftspolitisches Ziel formuliert, um das Wachstumspotenzial der Wirtschaft zu erhöhen, gleichzeitig werden aber immer mehr Ausbildungsplätze beschränkt, da die öffentlichen Haushalte sparen müssen.

- Schließlich werden den Universitätsabsolventen immer weniger normale, voll sozialversicherte Arbeitplätze angeboten, viele JungakademikerInnen pendeln jahrelang zwischen Praktikumsstellen und sonstigen atypischen Beschäftigungsverhältnissen.

Um diese Widersprüche zu mildern, sollte das Bildungssystem, insbesondere das universitäre, zumindest etwas ent-ökonomisiert werden: Wenn die derzeit Jungen ohnehin so viel schlechtere Beschäftigungs- und Erwerbschancen haben als die beiden Generationen vor ihnen, dann sollen sie in höherem Maß das studieren dürfen, was sie wollen (ohne das Humboldt'sche Bildungsideal zu verklären: Bildung muss mehr und anderes sein als die Produktion von Humankapital).

Dazu müssen auf möglicht effiziente Weise mehr Studierkapazitäten/Studienplätze geschaffen werden. Am einfachsten wäre es, wenn das universitäre Realkapital im Jahresdurchschnitt besser genützt würde. Derzeit sind die Hörsäle und vielfach auch die Laborplätze nur acht von zwölf Monaten voll genutzt. Würde man dieses Kapital auch in den Sommermonaten und im Februar nützen (etwa durch eine Gliederung des Studienjahrs in Trimester), so könnte die Zahl der Studienplätze erheblich gesteigert werden. Natürlich erfordert dies einen erhöhten Lehr- und Prüfungsaufwand, doch dies würde gleichzeitig vielen Akademikern zusätzlich Arbeitsmöglichkeiten bieten.

15.10. Stärkung des europäischen und sozialen
Zusammenhalts: Mindestsicherung durch die EU

Eine hartnäckige Krise wird den Zusammenhalt innerhalb der EU schwächen, weil die Betroffenheit von der Krise sehr unterschiedlich ist und weil (Rechts-)Populisten innerhalb der Länder dies ausnützen werden. Gerade weil die EU in der Bevölkerung ein (sehr) schlechtes Image hat, was ihre soziale Kompetenz betrifft (»by construction«, denn das Gemeinsame ist der Markt, und der kann keine Identität stiften), könnte folgende Maßnahme sehr helfen (die Idee habe ich von Raimund Löw übernommen):

- Die EU definiert einen absoluten Mindeststandard für alle BürgerInnen.
- Dieser ist nach Ländern natürlich sehr unterschiedlich, in Bulgarien mag er vielleicht nur 350 Euro für eine kleine Familie betragen.
- Die sozialen Systeme in den armen EU-Ländern können die Menschen aber nicht einmal auf dieses Niveau bringen.
- Hier springt die EU ein und überweist die Differenz.

Erstmals würden Menschen in großer Zahl spüren, dass die EU nicht nur für die Freiheit der Märkte steht, sondern für mehr. Wenn eine arme Familie in Rumänien oder Litauen 30 Euro im Monat von einem EU-Fonds überwiesen bekommt, so wird sie anders über das Projekt Europa denken. Finanzierbar wäre es, allein ein kleiner Teil der Erträge einer generellen Finanztransaktionssteuer würde reichen. Der politische Ertrag wäre ungleich höher.

[Zur Erinnerung: Roosevelt hatte im Rahmen des »New Deal« auch eine Mindestsicherung der Arbeitslosen eingeführt. Trotz der in den USA besonders verheerenden Krise konnte ein Mindestzusammenhalt in der Gesellschaft gehalten werden (in Deutschland wurden die Arbeitslosen ausgesteuert). Als er starb, wurde sein Leichnam mit dem Zug nach Washington überführt. Auf beiden Seiten des Gleises stand eine Menschenkette. Sie war 700 km lang.]

16. Krisenbekämpfung in einem einzelnen EU-Land am Beispiel von Österreich

Mit dem Fall Griechenland ist die große Krise in ihre Phase 3 eingetreten (»Heulen und Zähneknirschen«), ihr systemischer Charakter tritt immer deutlicher zu Tage (mag auch seine Wahrnehmung hinterherhinken). Die zunehmende Spekulation der »finanzalchemistischen« Banken und Hedge Funds gegen immer mehr Euro-Staaten und die Orientierungslosigkeit der Politik (bedingt durch den »neoliberalen Smog« von zwanzig Jahren) werden die Krise neuerlich vertiefen (siehe Abschnitt 9).

Unter diesen Bedingungen droht die Arbeitslosigkeit wieder anzusteigen, insbesondere deshalb, weil die Unternehmen mit Fortdauer der Krise das Interesse an Kurzarbeitsmodellen verlieren und weil die Auftragspolster der Bauwirtschaft bald abgearbeitet sein werden. Eine massive Zunahme der Arbeitslosigkeit würde den kumulativen Kontraktionsprozess verstärken.

Um dies zu verhindern, muss eine Reihe von Maßnahmen sofort gesetzt werden, manche davon – etwa die thermische Gebäudesanierung – sollten im Sinne einer Förderung ökonomischer und ökologischer Nachhaltigkeit über Jahre fortgesetzt werden. Dazu kommen ergänzende Maßnahmen, die nicht sofort in Angriff genommen werden müssen, sondern Teil einer längerfristigen Strategie zur Überwindung der großen Krise sind.

16.1. Modifikation und Verlängerung des Kurzarbeitsmodells

Die in Österreich geltende Regelung der Kurzarbeit sollte entsprechend der in Abschnitt 15.5.2. dargelegten Leitlinien modifiziert und wie in Deutschland bis 2012 verlängert werden.

16.2. Massive Forcierung der thermischen Gebäudesanierung sowie der Warmwasserbereitung durch Solarenergie

Die nachfolgenden Überlegungen beziehen sich konkret auf das Großprojekt einer flächendeckenden thermischen Gebäudesanierung in Österreich. Sie gelten im Wesentlichen auch für die österreichweite Umrüstung der Warmwasserbereitung auf den Einsatz von Solarenergie (auch wenn dieses zweite Großprojekt im Folgenden nicht näher behandelt wird). Denn für eine solarenergetische Warmwasserbereitung sprechen die gleichen Gründe wie für die thermische Sanierung, insbesondere im Hinblick auf Energieeffizienz und die Schaffung von Arbeitsplätzen.

Würde der Bestand an Wohngebäuden in Österreich über einen Zeitraum von zehn Jahren auf den Niedrigenergie-Standard gebracht werden, so ergäbe dies ein Investitionsvolumen von etwa 5,7 Milliarden Euro pro Jahr.[22] Seine Realisierung würde nahezu 100.000 Arbeitsplätze pro Jahr schaffen, davon etwa 62.000 in der Bauwirtschaft (im bereits skizzierten Krisenszenario würde die Arbeitslosigkeit unter Bauarbeitern rasch auf mehr als 100.000 Personen ansteigen). Je nach Typ und Altersklasse des Gebäudes ergäbe sich eine Reduktion der Heizkosten von 70 Prozent bis 80 Prozent. Dementsprechend hoch wäre die Reduktion des CO_2-Ausstoßes. Eine flächendeckende thermische Generalsanierung würde daher einen großen Beitrag zur Erreichung künftiger Klimaziele leisten (Kyoto-Nachfolge), die Energie-

abhängigkeit Österreichs verringern und die Leistungsbilanz verbessern.

Aus mehreren Gründen ist dieses Investitionspoten-
zial bisher unzureichend genützt worden. Erstens ist das
Ausmaß der Einsparungsmöglichkeiten noch immer zu
wenig bekannt, zweitens ist es bei kollektivem Gebäu-
deeigentum schwierig, zu einer gemeinsamen Investi-
tionsentscheidung zu kommen (Eigentumswohnungen)
und drittens ist dies dann besonders schwer, wenn Ei-
gentum und Nutzung eines Gebäudes auseinanderfallen.
Zwar wäre allen gedient, wenn private Hausbesitzer oder
Genossenschaften ihre Wohnhäuser thermisch sanieren
und die unter der Heizkostenersparnis liegenden Finan-
zierungskosten den Mietern verrechnen (diese machen
also auch einen Gewinn), doch ist eine Konsensfindung
im Vorhinein schwierig.

Diese Situation erfordert eine koordinierende Aktion
der Wirtschaftspolitik, insbesondere wegen der gesamtwirtschaftlichen Effizienz eines landesweit durchgeführ-
ten Projekts thermische Gebäudesanierung:

- Es kommt etwa zur Hälfte direkt der Bauwirtschaft
  zugute, die andere Hälfte entfällt auf (Vor-)Leistun-
  gen verschiedener Branchen.
- Im Gegensatz zu Großprojekten profitieren davon
  nicht bestimmte Unternehmenstypen und Regionen.
- Es gibt keine (Bau-)Investition mit ähnlich hoher Ar-
  beitsintensität, ihre Beschäftigungs- und daher auch
  Steueraufkommenseffekte sind hoch.
- Wegen der relativen Kleinheit jedes Einzelprojekts
  kommen ausländische Produzenten nicht in Betracht.
- Da die für die Raumheizung aufgewendete Energie
  zu einem Großteil importiert wird, ist die Leistungs-
  bilanzentlastung besonders groß.
- Die betriebswirtschaftliche Rentabilität und damit der

Investitionsanreiz werden durch die langfristig überdurchschnittliche Verteuerung von Energie erhöht.

- Die Banken könnten ihr Volumen an nahezu risiko-
losen Krediten massiv ausweiten.

- Ein solches Investitionsprojekt würde konkret unter
Beweis stellen, dass Produktion und Beschäftigung
einerseits und Umweltschutz andererseits nicht in einem Widerspruch zueinander stehen (müssen), sondern einander hervorragend ergänzen können.

Während Projekte einer herkömmlichen Wirtschaftsförde-
rung durch jeweils eine (zuständige) Gebietskörperschaft
organisiert werden, sei es durch finanzielle Zuschüsse oder durch Investitionsaufträge, bedarf das Projekt
thermische Gebäudesanierung einer konzertierten Aktion und damit einer organisatorischen Vernetzung von
Bund, Ländern, Gemeinden, Gebäudeeigentümern, Bauwirtschaft und Kreditapparat. Zu diesem Zweck sollte
eine »Stabsstelle« geschaffen werden, die von all jenen Institutionen bzw. Interessensvertretungen getra-
gen wird, die aus gesamt- oder betriebswirtschaftlichen
Motiven ein Interesse an einer möglichst umfassenden
Realisierung des Projekts thermische Gebäudesanierung
haben.

Diese »Stabsstelle« sollte die wichtigsten dafür nötigen Teilaktivitäten vorbereiten, koordinieren und vorantreiben wie etwa:

- Durchführung einer nachhaltigen Informationskampagne.

- Einrichtung von Servicestellen, die den Wohnhausei-
gentümern maßgeschneiderte Pläne über die jeweils
optimale Investition erstellen.

- Da die Kredite nahezu risikolos sind, muss sicherge-
stellt werden, dass die Banken nur die vor der Krise
übliche Zinsspanne verrechnen. Bei Refinanzierungs-

kosten von etwa einem Prozent könnten die Kreditkosten bei lediglich vier Prozent liegen.

• Jedes Projekt sollte mit 20 Prozent seiner Kosten gefördert werden, bei einem jährlichen Investitionsvolumen von fünf Milliarden Euro wären dies eine Milliarde Euro an Vorfinanzierung. Da der Multiplikator
von Bauinvestitionen etwa 1,5 beträgt und im Fall der
thermischen Sanierung noch etwas höher ist, würde
ein zusätzliches BIP in Höhe von acht Milliarden Euro
generiert.

• Dies erbringt an zusätzlichen Steuern und Sozialab-
gaben sowie an vermiedenen Arbeitslosengeldern zumindest das Dreifache der Anschubfinanzierung von
einer Milliarde Euro.

Der hohe Hebel zwischen Mitteleinsatz und Investitionsvolumen ergibt sich auch daraus, dass thermische Gebäudesanierung nicht nur wegen der Umweltverbesserung attraktiv ist, sondern natürlich auch wegen der langfristige
Heizkostenersparnis: Die 2009 in Österreich als Teil des
Konjunkturpakets ausgeschütteten Fördermittel von 100
Millionen Euro waren in wenigen Wochen aufgebraucht.

Diese Zusammenhänge, insbesondere die Hebel- und
Multiplikatoreffekte, gelten natürlich für alle Volkswirt-
schaften in der EU, modifiziert um die unterschiedlichen
Klimabedingungen und Dämmwerte des Gebäudebestands.

Da das Gesamtprojekt aus Tausenden Einzelprojekten
besteht, wird es umso erfolgreicher realisiert werden können, je mehr potenzielle Investoren informiert und motiviert werden. Deshalb hat eine professionell organisierte
Informationskampagne besonders große Bedeutung:

• Die unterschiedlichen Typen potenzieller Investoren
wie etwa die Besitzer von Eigenheimen, insbesondere
im ländlichen Raum, die Besitzer von Eigentumswoh-

nungen, die Genossenschaften sowie ihre Mitglieder müssten spezifisch angesprochen werden.

- Die wichtigsten Informationskanäle wären die Printmedien, das Fernsehen (Berichte über schon erfolgreich durchgeführte Einzelprojekte etc.) sowie das Zweigstellennetz des Kreditapparats.
- Für Bauten bestimmter Altersklassen, deren Fassade sich nur mit (zu) hohem Aufwand sanieren lassen (z. B. die meist stark strukturierten Miethäuser aus der Gründerzeit) sollten auch Teilsanierungen gefördert werden.
- Das Zweigstellennetz der Kreditinstitute könnte einen besonders effizienten Informations- und Motivationskanal darstellen und darüber hinaus den Sanierungswilligen einen Großteil der Umsetzungsschritte abnehmen, gewissermaßen als One-Stop-Shop.
- Damit könnte der Finanzsektor an einem ökonomischen und ökologischen Großprojekt zeigen, was er als Diener der Realwirtschaft zu leisten vermag.

16.3. Spezialisierung der österreichischen Wirtschaft auf umweltverbessernde Technologien

Der Weltmarkt für umweltverbessernde Investitionsgüter wird in den nächsten Jahrzehnten stark überdurchschnittlich expandieren, eine systematische und nachhaltige Spezialisierung in diesem Bereich ermöglicht daher erhebliche Produktions- und Beschäftigungsgewinne sowie eine Entlastung der Leistungsbilanz (Beispiel: Dänemark hat frühzeitig die Stromerzeugung aus Windenergie im eigenen Land gefördert, was wiederum die Entwicklung und Verbesserung von Windrädern stimulierte).[23] Ein solches Projekt ließe sich durch eine Kombination von aufeinander abgestimmten Maßnahmen schrittweise realisieren:

- Die Einführung einer CO_2-Steuer in der Europäischen Union würde generell den Anreiz zu energiesparenden Investitionen erhöhen. Überdies könnte ein Teil des zusätzlichen Steueraufkommens zur Förderung effizienterer Energienutzung verwendet werden sowie für die Entwicklung sonstiger Umweltinvestitionsgüter (Gewinnung erneuerbarer Energie ebenso wie zur Vermeidung von Emissionen in Wasser und Luft).
- Der durch die CO_2-Steuer und die begleitenden Maßnahmen geschaffene Anreiz zu einer effizienteren Produktion und Nutzung von Energie wird dadurch gesteigert, dass den Produzenten von Sonnen- oder Windenergie solche Netzeinspeisungstarife geboten werden, die die vermiedenen Umweltkosten berücksichtigen.
- Diese Maßnahmen kommen zunächst jenen Unternehmen zugute, die sich schon bisher auf Umweltinvestitionsgüter spezialisiert haben, werden aber in der Folge aber auch andere und neu gegründete Unternehmen motivieren, auf Umwelttechnik zu setzen. Die weitere technische Verbesserung solcher Anlagen und damit die Steigerung ihrer internationalen Konkurrenzfähigkeit werden zusätzlich durch Maßnahmen der Technologieförderung unterstützt.

Neben dem Eigenwert einer Umweltverbesserung sind diese Vorschläge dadurch motiviert, dass sie die österreichische Wirtschaft am Weltmarkt als besonders ökologiebewusst positionieren würde (was auch dem touristischen Image zugute käme) und überdies die Corporate Identity der Bürger deshalb stärken würde, weil Erhaltung und Verbesserung der Umweltqualität in der Bevölkerung höchste Priorität haben.

16.4. Investitionen zur Verbesserung der Verkehrsinfrastruktur

Die enorme Zunahme des Straßentransitverkehrs in Österreich, insbesondere für Gütertransporte, machen nicht nur aus ökonomischen und ökologischen Gründen, sondern – angesichts des Widerstands der BürgerInnen – auch aus politischen Gründen eine nachhaltige Verlagerung des Verkehrsaufkommens von der Straße auf die Schiene unumgänglich.

Verteuerungen der Benützung der Straße relativ zur Schiene im Sinne einer Kostenwahrheit, die alle Kostenarten von der Beeinträchtigung des Verkehrsflusses bis zu Schadstoff- und Lärmemissionen berücksichtigt, können nur dann die gewünschten Verlagerungseffekte herbeiführen, wenn zuvor die Leistungsfähigkeit der Schienennetze sowie die komplementäre Logistik wesentlich verbessert werden.

Die dafür erforderlichen Investitionen in Österreich sollten – mit erheblicher finanzieller Unterstützung durch die EU – insbesondere auch deshalb beschleunigt durchgeführt werden, weil mit dem Aufholprozess der neuen EU-Länder der Transitverkehr nach Osteuropa steigt und zusätzlich auch jener auf den Balkan expandieren wird als Folge der künftigen Anbindung an die EU.

16.5. Zusätzliche (Infrastruktur-)Investitionen von Gemeinden

Der Bund bzw. die von ihm ausgegliederten Gesellschaften im Bereich der Infrastruktur (ASFINAG, ÖBB, SchiG) können ihre Investitionen primär in Form von Großprojekten steigern, deren Impulse regional stark konzentriert sind und die überdies lange Vorlaufzeiten haben (je größer das Projekt, desto länger).

Regional wesentlich breiter gestreut und rascher umsetzbar wären Investitionen von Gemeinden und (eingeschränkt) Ländern. Diese umfassen eine Unzahl kleinerer Projekte, die in vielen Fällen (nahezu) baureif sind und nur aus Mangel an Finanzierungsmitteln erst in den kommenden Jahren schrittweise in Angriff genommen werden sollen. Ein Vorziehen solcher Investitionen wäre ein ideales Instrument zur Bekämpfung der Krisenausbreitung.

Der Bund sollte sich daher einen Überblick über alle kommunalen Investitionsprojekte verschaffen, die in den kommenden 18 Monaten begonnen werden könnten und ihre rasche Realisierung vorfinanzieren, und zwar unter Bedachtnahme auf die unterschiedliche Krisenbetroffenheit der Regionen. Davon würden verschiedenste Unternehmen(stypen) landesweit profitieren.

16.6. Förderung des gemeinnützigen Wohnbaus

Die heranwachsende Krise verschlechtert die ökonomische und soziale Lage der Jungen besonders stark. Der Hauptgrund dafür ist der überdurchschnittliche Anstieg der Arbeitslosigkeit bzw. der atypischen Beschäftigung unter den 20- bis 30-Jährigen. Viele werden sich daher Wohnraum zu Marktpreisen nicht leisten können. Gleichzeitig wird sich die Krise in der Bauwirtschaft verschärfen.

Eine spürbare Förderung des gemeinnützigen Wohnbaus, sei es in Form zusätzlicher Wohngebäude von Gemeinden oder von gemeinnützigen Genossenschaften, würde die Wohnmöglichkeiten der Jungen verbessern und gleichzeitig auch die Lage in der Bauwirtschaft stabilisieren.

16.7. Soziale Integration im Vor- und Pflichtschulbereich

In Anbetracht der in Österreich besonders ausgeprägten Unterschiede in den Bildungschancen zwischen »inländischen« Kindern und Kindern mit Migrationshintergrund sowie der Tatsache, dass Letztere in städtischen Ballungsräumen wie Wien bereits die Hälfte aller Kinderjahrgänge stellen, muss die Integration dieser Kinder im Vor- und Pflichtschulbereich nachhaltig verbessert werden:

- Der Anteil von SozialarbeiterInnen mit Migrationshintergrund sollte in der Kinder- und Jugendfürsorge deutlich erhöht werden. So wird eine türkischstämmige Sozialarbeiterin eine ebenso aus der Türkei stammende Mutter leichter davon überzeugen können, ihre Kinder spätestens mit dem vierten Lebensjahr in einen Kindergarten zu geben, als eine »inländische« Fürsorgerin.

- Zumindest in jenen Volks- und Hauptschulen, in denen der Anteil von Kindern mit nicht deutscher Muttersprache besonders hoch ist, sollte es zumindest einige LehrerInnen mit ähnlichem Migrationshintergrund geben.

- Die Ausbildungs- und Berufsberatung muss für Kinder mit Migrationshintergrund besonders stark verbessert werden. Ihr Anteil an den Hauptschulen ist markant überdurchschnittlich, an den Universitäten aber markant unterdurchschnittlich. Auch beim Suchen der passenden Lehrstellen sind diese Kinder benachteiligt. Durch diese Mängel bleiben viele Begabungen und Qualifikationen unentdeckt und daher ungefördert.

16.8. Ausbau der sozialen Dienste

In jeder schweren Krise nimmt der Bedarf an sozialstaatlichen Dienstleistung im weiteren Sinn zu, insbesondere zur Stützung und Förderung der am stärksten Betroffenen. Dazu gehören etwa arbeitslos Gewordene (insbesondere Personen über 45 bis 50 Jahren) oder junge Menschen, die nach Abschluss ihrer Ausbildung keinen Job finden, aber auch von Armut bedrohte Personen, insbesondere alleinerziehende Mütter und Menschen mit Migrationshintergrund. Dazu kommt – unabhängig von der Krise – die massiv steigende Nachfrage nach Betreuungsleistungen aller Art für alte Menschen.

Gleichzeitig könnte ein massiver Ausbau sozialstaatlicher Dienste viele neue Jobs schaffen. Da dies einen kumulativen Abwärtsprozess wesentlich bremsen würde, sollte das Beschäftigungspotenzial sozialer Dienste gerade in einer hartnäckigen Krise voll genutzt werden. Dazu ein konkreter Vorschlag zum Pflegebereich (Vogt/Schulmeister, 2006).

Eine sozialstaatliche Organisation der Altenbetreuung und ihre Finanzierung sollten folgendermaßen aussehen:

- Das Pflegegeld wird in allen Stufen auf ein solches Niveau erhöht, dass es sich einer normalen Bezahlung wenigstens annähert: In der Pflegegeldstufe 1 läge der implizite Stundenlohn bei sechs Euro, er steigt bis zu den Stufen 6 und 7 auf zehn Euro. Dies bedeutet eine Anhebung des Pflegegelds in Stufe 1 auf 310 Euro und in den Stufen 6 und 7 auf 2200 bzw. 2500 Euro.
- Der/die Pflegebedürftige hat die Wahl zwischen zwei Optionen: Bezug des Pflegegelds in einer Kombination aus Bargeld und Pflegescheck oder Anstellung des

pflegenden Angehörigen bei einer anerkannten Hilfsorganisation entsprechend dem Ausmaß der Pflegebedürftigkeit.

- In jeder Pflegestufe können maximal 310 Euro (das Pflegegeld in Stufe 1) in bar bezogen werden, mit dem Rest werden professionelle Pflegedienste eingekauft (Hauskrankenpflege, Essen auf Rädern etc.). In den höheren Pflegestufen wird der größte Teil des Pflegeaufwands durch professionelle Hilfe gedeckt und daher durch Pflegeschecks bezahlt (sofern nicht ein Angehöriger selbst die Pflege übernehmen will und dementsprechend bei einer professionellen Organisation beschäftigt wird – Option 2).
- Wenn ein Angehöriger als sozialversicherter Angestellter einer Pflegeorganisation die Betreuung übernimmt, wird der gesamte Pflegebedarf durch diese Organisation abgedeckt, eine Teilauszahlung des Pflegegelds entfällt daher.

Die Zusatzkosten der hier vorgeschlagenen Lösung würden etwa 2,1 Milliarden Euro oder 0,9 Prozent des BIP betragen. Tatsächlich werden sie bei Vollausbau merklich niedriger sein, da Tausende reguläre Arbeitsplätze geschaffen würden: Dies spart Arbeitslosengeld und erhöht die staatlichen Einnahmen in Form von Sozialbeiträgen und Steuern.

16.9. Ausweitung lokaler Beschäftigungsbündnisse

Beschäftigungspolitik findet überwiegend auf der gesamtwirtschaftlichen Ebene statt; dies bedingt, dass die Problemlösungskapazität und das Engagement der BürgerInnen auf lokaler Ebene (etwa für Einzugsbereiche zwischen 3000 und 15.000 Einwohnern) nicht oder nur unzureichend aktiviert werden. Dies ist insbesondere aus mehreren Gründen bedauerlich:

- Jenes lokalspezifische Wissen und das entsprechende Ideenpotenzial für neue Projekte bleiben ungenützt, die spezielle ökonomische, soziale oder ökologische Bedürfnisse einer Gemeinde, eines Bezirks oder »Grätzels« einer Großstadt oder eines Verbunds mehrerer kleiner Gemeinden, befriedigen können. Solche Projekte können in Verbesserungen der kommunalen Infrastruktur oder der Versorgung mit sozialen Dienstleistungen bestehen oder in Projekten zum Umweltschutz oder der Denkmalpflege.
- Das (Er-)Finden, Planen und Umsetzen solcher Projekte erfordert eine Vernetzung von Kommunalpolitik, Unternehmen, Sozialpartner (Organisationen der Unternehmer und Arbeitnehmer auf lokaler Ebene), Schulen, Arbeitsmarktservice, Lokalzeitungen, Kirchen und Vereinen, insbesondere zur frühzeitigen Wahrnehmung von Diskrepanzen zwischen den Lehr- bzw. Arbeitsplatzsuchenden und den zu erwartenden Beschäftigungsmöglichkeiten.
- Das Engagement der BürgerInnen zur Schaffung neuer Arbeitsplätze in einem überschaubaren Bereich kann allein schon deshalb eher mobilisiert werden, weil diese nicht völlig anonymen Arbeitslosen zugute kommen, sondern näherstehenden MitbürgerInnen, insbesondere der eigenen Jugend.
- So werden etwa Unternehmer bei einer in der lokalen Öffentlichkeit breit diskutierten Beschäftigungsinitiative bereit sein, Lehrstellen oder Arbeitsplätze zu schaffen, auch wenn sie sich unter rein betriebswirtschaftlichen Gesichtspunkten nicht (völlig) rechnen. Dies gilt insbesondere dann, wenn sie dafür nicht pe-

kuniär entschädigt werden, etwa durch positive Berichterstattung in der Lokalpresse.

Die Europäische Kommission unterstützt solche lokale und regionale Beschäftigungsbündnisse für Arbeit, hat aber bisher nur relativ wenige Projekte gefördert. Gerade in einer hartnäckigen Krise sollte dieses Konzept in Österreich möglichst großflächig forciert werden, zumal seine Umsetzung nur geringe Finanzmittel erfordert.

Beispiele für eine erfolgreiche Umsetzung dieser Ziele und damit auch für eine Stärkung der regionalen Kreisläufe sind die Solidarregion Weiz (*www.solidarregion.at*) oder die Ökologisierung von Produktion und Verbrauch von Energie in der Stadtgemeinde Güssing.

16.10. Zusätzliche Arbeitsplätze in der Zivilgesellschaft

Es gibt viele Tätigkeiten, nach denen eine hohe Nachfrage besteht und die überdies für den sozialen Zusammenhalt einer Gesellschaft oder die Bewahrung ihres natürlichen und kulturellen Erbes von Bedeutung sind, die aber nicht in hinreichendem Maß durch Unternehmen marktmäßig produziert werden, ohne dass sie deshalb notwendigerweise vom Staat bereitgestellt werden müssten.

Zu diesen sehr heterogenen Tätigkeiten, die in einem Bereich zwischen Markt und Staat oder in der Civil Society erbracht werden können, gehören die Betreuung alter, behinderter und chronisch kranker Menschen, die Selbstorganisation von Kindergruppen, Initiativen zur Erweiterung des kulturellen Angebots oder für den Denkmalschutz, Bürgerinitiativen zur Umweltverbesserung etc.

Ein großer Teil dieser Dienstleistungen wird von staatlichen oder privaten (professionellen) Organisationen mit normal Beschäftigten erbracht, ein anderer Teil von Vereinen oder Kleingruppen auf freiwilliger Basis, also zumeist ohne normale Arbeitsverhältnisse. In diesem informellen Bereich könnten durch Zuschüsse bei Einstellung von (Langzeit-)Arbeitslosen nach dem Vorbild der früheren »Aktion 8000« neue (echte) Arbeitsplätze geschaffen werden, gleichzeitig ließe sich dadurch die Erstellung der Dienstleistungen professionalisieren.

Für diese Tätigkeitsfelder zwischen Markt und Staat sollte daher geprüft werden, ob durch finanzielle Zuschüsse, eventuell auch durch Hilfestellung beim administrativen Aufwand (Buchhaltung, Abrechnung mit den SV-Trägern etc.), so viele neue Arbeitsplätze geschaffen werden können, dass die öffentliche Hand per Saldo, also unter Berücksichtigung der vermiedenen Arbeitslosenunterstützungen bzw. der zusätzlichen Einnahmen an SV-Beiträgen und Steuern, keinen nennenswerten Finanzaufwand zu tragen hätte.

Der wichtigste »Virus« in der Ausbreitung einer schweren Wirtschaftskrise ist die Kombination von Arbeitslosigkeit, Armut und Mutlosigkeit (soziale Depression). Dieses Syndrom tritt in einer Krise in bestimmten Regionen und unter bestimmten Bevölkerungsgruppen verstärkt auf. Selbsthilfeprojekte aller Art können diesen Prozess mildern und müssen daher unterstützt werden. Auf keinen Fall dürfen schon regelmäßig gewährte Ermessensausgaben für solche Projekte in einer Krise über den Kamm gekürzt werden. Dadurch würde die Lage der von der Krise besonders hart getroffenen Regionen bzw. Bevölkerungsgruppen weiter verschlechtert.

16.11. Erhöhung der Arbeitslosenunterstützung

Eine solche Erhöhung sollte in zweierlei Form erfolgen. Erstens muss für den (höchstwahrscheinlichen) Fall einer längeren Krise (jedenfalls deutlich länger als normale Rezessionen) die Bezugsdauer des Arbeitslosengelds verlängert werden (in den – pragmatischen – USA hat man diese bereits auf bis zu zwei Jahre ausgedehnt), und zweitens sollten die Nettoersatzraten angehoben werden. Zumindest drei Gründe machen diese Maßnahmen vordringlich:

- Die entsprechenden Beträge steigern zu 100 Prozent den Konsum, der Anteil importierter (Vor-)Leistungen ist gering, das Meiste wird für die Grundbedürfnisse verwendet.
- Die Arbeitslosenunterstützung in Österreich ist mit Abstand die niedrigste aller EU-Länder mit vergleichbarem Einkommensniveau.
- Kaum je zuvor waren die von der großen Krise betroffen Arbeitslosen so unschuldig an ihrer Lage wie derzeit.

Eine Unterstützung der durch die Krise von Deklassierung bedrohten Menschen dient daher nicht nur der ökonomischen Stabilisierung, sondern auch dem sozialen Zusammenhalt. Sie würde so die Agitation von Rechtspopulisten (ein wenig) erschweren – denn von »sozialer Hängematte« werden sie nicht mehr reden, eher von den »inländischen« Arbeitslosen als Opfer der Banker, Manager und Politiker »da oben« und der »fremden« Billigarbeiter »da unten«.

16.12. Mehr Wettbewerb im Einzelhandel durch das Internet

Ausgangspunkt dieses Vorschlags ist die Erfahrung, dass bei einem Anstieg der Rohstoffpreise die Verbraucherpreise viel stärker erhöht werden als es der Steigerung der Rohstoffkosten entspricht. Es nehmen also gleichzeitig die Gewinnstückkosten markant zu und damit auch der allgemeine Preisauftrieb (siehe etwa die parallele Entwicklung von Rohölpreis und Gewinnen der Ölkonzerne).

Das Phänomen steigender Gewinnstückkosten bei steigenden Rohstoffkosten ist im Wesentlichen auf unzureichenden Wettbewerb in der Distribution, insbesondere auf ihrer letzten Stufe, dem Einzelhandel, zurückzuführen. Hauptgrund: Es gibt im Einzelhandel keinen gut funktionierenden, gemeinsamen – alle großen Anbieter umfassenden – Markt und (auch deshalb) keine Markttransparenz. Diese würde nämlich eine Informationssymmetrie von Anbietern und Nachfragern voraussetzen, die nicht gegeben ist. Während etwa Einzelhandelsketten ihr gesamtes Angebot in allen Details kennen und – via Kundenkarten oder Internet-Käufe – auch über das Nachfrageverhalten vieler Konsumenten informiert sind, können sich Letztere keinen umfassenden Überblick über die Preise sämtlicher Waren aller Anbieter verschaffen.

Für dauerhafte Konsumgüter existieren zwar Internet-Plattformen mit Preisangaben à la »Geizhals«, doch werden diese von großen Handelsketten wie Media-Markt boykottiert. Für Güter des täglichen Bedarfs gibt es überhaupt keine hinreichend informativen Internet-Plattformen. Gerade in diesem Bereich wäre Markttransparenz besonders wichtig: Konsumentscheidungen sind häufig zu treffen und komplexer, weil unterschiedliche Güterbündel zu besorgen sind unter Berücksichtigung der Transport- und Zeitkosten (Tages- und Wochenendeinkauf, naher Supermarkt oder entfernter Großmarkt, etc).

Die faktische Nichttransparenz im Einzelhandel wird durch die Handelsketten gefördert, sei es durch Maßnahmen der Kunden(karten)bindung oder durch asymmetrische Preisinformation (es werden nur Preissenkungen berichtet, nie Preissteigerungen). Für die großen Handelsketten ist jener ein optimaler Kunde, der *seinen* Spar, Aldi oder Tengelmann mit *dem* Markt gleichsetzt.

Mit Hilfe des Internets ließen sich Markttransparenz und -effizienz wesentlich verbessern, dies würde den Wettbewerb intensivieren und den Preisauftrieb dämpfen:

- Es wird eine Homepage geschaffen, auf der das gesamte Warensortiment samt Preisen aller Handelsketten (einschließlich Tankstellen etc.) elektronisch erfasst ist. Diese Internet-Plattform für den Wettbewerb (IPW) schafft ein öffentliches Gut, ihr Betrieb ist nicht gewinnorientiert und im Dunstkreis der Wettbewerbsbehörde angesiedelt.

- Auch private Unternehmen können/sollen solche Internetplattformen betreiben, nicht zuletzt zur Förderung des Wettbewerbs mit der IPW. Der Einfachheit halber ist im Folgenden nur von *der* IPW die Rede.

- Die Handelsketten sind (gesetzlich) verpflichtet, ihr gesamtes Angebot samt Preisen zum Download zur Verfügung zu stellen und laufend über Preisänderungen zu informieren. Der Aufwand für die Handelskette ist gleich null, da alle diese Daten elektronisch schon vorhanden sind.

- Die IPW erstellt eine Datenbank über das Gesamtangebot aller Handelketten, differenziert nach Ländern und Bezirken. Eine zusätzliche Software ermöglicht es, das optimale Angebot für jeden Einkaufskorb zu ermitteln. So mag ein Konsument nach dem billigsten Angebot suchen, etwa nach 100g Milchschokolade mit ganzen Haselnüssen oder Teebeutel à 1,75g, ein anderer ist markenbewusst und verlangt nach der günstigsten »Ritter Milchschokolade mit ganzen Haselnüssen« sowie »Twinings Irish Breakfast Teebeutel«.

Jeder kann bei der IPW einen passwortgeschützten Bereich halten, wo er bestimmte Einkaufslisten (etwa für einen typischen Wochenendeinkauf) definiert. Vor einem Einkauf lässt er sich das optimale Angebot ausdrucken, differenziert nach der Zahl der besuchten Geschäfte. So mag ein größerer Einkauf von 35 Waren in nur einem Supermarkt im günstigsten Fall 105 Euro kosten, bei zwei Einkäufen ergäbe sich eine Ersparnis von zehn Euro, und bei drei »Warenbündeln« könnte man sich 16 Euro ersparen.

Praktisch ist, dass sich der Kunde schon zu Hause seinen Einkaufszettel samt den Preisen ausdrucken kann. Bei Eingabe des Wohnorts wird ihm auch der Weg zum günstigsten Supermarkt mitgeliefert (wenn die Handelsketten mitspielen, könnte auch der optimale Weg innerhalb des Supermarkts als Skizze ausgedruckt werden, das würde viele Laufmeter einsparen).

Ähnlich wie bei Börsenberichten (Flops und Tops) wertet die IPW aus, welche Ketten in den letzten sieben Tagen, vier Wochen oder drei Monaten die Preise welcher Produkte am stärksten erhöht oder gesenkt haben, es werden also die wichtigsten Preistreiber und Sparhelfer benannt sowie ihre Verursacher. Das wird seinen wettbewerbspädagogischen Effekt nicht verfehlen.

Dieser Vorschlag entspricht den Kernzielen der EU. Sollte die Kommission die Einrichtung von IPWs verordnen, wären Preisvergleiche auch zwischen Ländern per Mausklick möglich. Auch dies fördert den Wettbewerb.

Die Verpflichtung der Unternehmen, alle Informationen über ihr Angebot elektronisch verfügbar zu machen, bedeutet keinen Eingriff in den Markt, sondern die Herstellung von Markt: Im Grunde stellt dieser Vorschlag lediglich die (verspätete) Anpassung der Preisauszeichnungspflicht an das Internet-Zeitalter dar. Seine Realisierung würde den Wettbewerb im Einzelhandel erheblich intensivieren, nicht zuletzt auch deshalb, weil mehr Markttransparenz konkurrenzfreudigen Unternehmen neue Chancen bieten.

16.13. Mehr Effizienz am Wohnungsmarkt durch das Internet

Auf geradezu systematische Weise intransparent ist der Wohnungs- und Häusermarkt. Denn er zerfällt in unzählige Teilmärkte, auf jedem versucht jeweils ein Makler Angebot und Nachfrage zusammenzuführen (»matchen«). Die erfolgreiche Benützung eines solchen Teilmarkts ist kostenpflichtig (Provision), ein gemeinsamer Markt, wo sich das gesamte Angebot und die gesamte Nachfrage gewissermaßen gegenüberstehen, und dessen Benutzung als öffentliches Gut kostenlos ist, existiert gar nicht.

Das Finden von einzelnen Angeboten und Nachfragen wird dadurch unnötig aufwendig. So muss ein Nachfrager die Websites vieler Makler sowie die Angebote in diversen Printmedien durchforsten. Analog zum oben gemachten Vorschlag für den Einzelhandel sollen daher alle einzelnen Angebote und Nachfragen in einer zentralen Datenbank gespeichert werden, nach einer Vielzahl von Kriterien klassifiziert (Lage, Größe, Kosten, etc.). Der Zugang zu dieser Datenbank ist kostenlos. Dadurch würde die Vermittlung zwischen Angebot und Nachfrage ungleich effizienter und billiger als im derzeitigen Nicht-Markt.

17. Finanzierung des »New Deal«

Eine systemisch fundierte Budgetpolitik muss sowohl das intersektorale als auch das intertemporale Gleichgewicht berücksichtigen und daher das Einkommen vom Haushaltssektor auf eine solche Weise zum Staat umverteilen, dass das private Sparen sinkt, nicht aber der Konsum. Gleichzeitig gilt es, kurzfristig-spekulative Aktivitäten auf den Finanzmärkten einzuschränken und langfristig-realwirtschaftliche Aktivitäten der Unternehmen zu fördern (siehe dazu die Abschnitte 8 und 12).

Mitten in einer schweren Krise mit bereits sehr hohen Haushaltsdefiziten ist eine Beachtung dieser Grundsätze unabdingbar. Daraus folgt: Die expansiven Maßnahmen des »New Deal« sind durch Beiträge der Besser- und Bestverdiener und durch eine höhere Besteuerung von Finanztransaktionen und Finanzvermögen zu finanzieren. Dadurch lässt sich die Wirtschaft ohne zusätzliche Defizite massiv stimulieren, gleichzeitig ermöglichen die Wachstumseffekte des »New Deal« eine nachhaltige Konsolidierung des Staatshaushalts, da die Arbeitslosigkeit sinkt und die Steuereinnahmen steigen.

Im Folgenden sollen nur knapp einige konkrete Maßnahmen angeführt werden, die den Kriterien einer Haushaltskonsolidierung bei einer expansiven Politik (»New Deal«) entsprechen und kurzfristig realisiert werden können (vorausgesetzt, der politische Wille ist vorhanden):

• Einführung einer generellen Finanztransaktionssteuer (siehe Abschnitt 14.4).

- Erhöhung der Besteuerung von Finanzkapitalerträgen an der Quelle auf 35 Prozent.
- Abgabe auf die in Wertpapierdepots liegenden privaten Finanzvermögen in Höhe von einem Prozent.
- (Temporäre) Erhöhung des Spitzensteuersatzes für Jahreseinkommen über 100.000 Euro auf 60 Prozent.
- Aufhebung der Höchstbeitragsgrundlage in der Krankenversicherung.
- Einführung bzw. Erhöhung einer allgemeinen Vermögenssteuer sowie der Erbschaftssteuer für Nettovermögen über eine bestimmten Grenze, bei einer Familie mit zwei Kindern 250.000 Euro (siehe dazu ein einfaches Konzept in Schulmeister, 2006).

All diesen Maßnahmen ist gemeinsam, dass sie auf rasche und einfache Weise die Einnahmen »unseres Vereins« erheblich erhöhen und ihm damit die Möglichkeit geben, die Hauptprobleme Arbeitslosigkeit, Staatsverschuldung, Armut und Klimawandel gemeinsam und nachhaltig zu bekämpfen.

Gleichzeitig würden diese Maßnahmen – egal, welche Kombination von der Politik gewählt wird – die Gesamtnachfrage, insbesondere den Konsum – nicht nennenswert dämpfen.

Die Verteilung der Konsolidierungslast ist in dem Sinn »unfair«, als sie die Einkommensstärksten und Reichsten überproportional trifft, genau deshalb ist sie aber in einem anderen Sinn »fair«: Diese Personen haben in den vergangenen zwanzig Jahren die höchsten Einkommenszuwächse erzielt, sie haben am meisten von der Bankenrettung profitiert und sie können sich höhere Beiträge an »unseren Verein« am ehesten leisten. Konkret mögen die Leistungsträger folgende Gedanken in Erwägung ziehen:

- Wer von jenem Teil, um den sein Einkommen 100.000

Euro (Bemessungsgrundlage!) übersteigt, 60 Prozent in die »Vereinskasse« zahlt, kann das verkraften.

- Noch leichter ist ein Beitrag von einem Prozent vom Finanzvermögen oder von 0,5 Prozent vom Gesamtvermögen über 300.000 Euro zu tragen. Allein an Ausgabeaufschlägen bei Investmentfonds und sonstigen Transaktionskosten verrechnet der Finanzsektor ein Mehrfaches – ganz zu schweigen von den Verlusten, die einem der freie Markt beschert und die man ja auch schluckt.

- Auch für die Wohlhabenden lebt es sich besser in einer Gesellschaft, in der Ungleichheit und Armut in Grenzen gehalten werden, in der man jede(n) in Not grundversorgt weiß, und zwar auch (und gerade) dann, wenn man dafür etwas mehr zum Gemeinschaftlichen beiträgt.

- Anders gesagt: Solidarität ist auch eine Form von Eigennutz, nämlich in unserer Eigenschaft als soziale Wesen, und das sind wir ja auch, nicht nur Einzelne (»unseres Unglücks Schmiede«).

- Konkret erinnert: In den 1960er und 1970er Jahren war zwar der »Gesamtkuchen« (BIP) viel kleiner als heute und die Wohlhabenden mussten etwas mehr beisteuern, aber auch ihnen ging es damals besser. Man musste sich nicht so große Sorgen machen um so viel Geld, auch macht es das Leben annehmlicher, wenn man nicht alle 50 Meter einem Bettler begegnet.

Alles Wirtschaftliche, die Herausforderungen der Konkurrenz und die Mühen des Überlebens, die Freude über den Erfolg und die Bitterkeit über die Entlassung, die Suche nach Ausgleich zwischen Arbeit und Realkapital und die Kämpfe zwischen ihren Interessen, die individuelle Entfaltung und die Organisation des Gemeinschaftlichen, all dies ist nicht Selbstzweck. Auch hohes

Wirtschaftswachstum, Steigerung der Wettbewerbsfähigkeit oder innovative Dynamik sind keine eigenständigen Ziele.

Letztlich dient ökonomisches Handeln als Unternehmer, als Arbeitnehmer und als Politiker nur einem Zweck: Die Bedingungen zu Schaffen, dass »gut Leben« gelingen kann, als Individuum wie als soziales Wesen. Derzeit ist die Bekämpfung der Hauptprobleme Arbeitslosigkeit, Staatsverschuldung, Armut und Klimawandel das wichtigste Zwischenziel in Europa.

Das zweite Zwischenziel: die gesellschaftliche Identität als Europäerinnen und Europäer stärken. Wir sind keine (Ein-)Wanderungsgesellschaft, »Jeder ist seines Glückes Schmied« kann nicht unser Leitmotiv sein, eher »Freiheit, Gleichheit, Brüderlichkeit«, also die Integration des Individuellen und des Sozialen im Europäischen Gesellschaftsmodell.

Ein »New Deal« für Europa dient beiden Zielen. Wir brauchen ihn. Jetzt.

Anmerkungen

1 Dabei ergab sich gewissermaßen ein Treppenwitz: Friedman hatte mit seinem Kampf für »flexible« Wechselkurse selbst zu jener Konstellation beigetragen, die er für die »monetarist counter-revolution« sehr erfolgreich verwertete. Denn die Inflationsbeschleunigung Anfang der 1970er Jahre und die Rezession 1974/75 wurden in hohem Maß durch den Ölpreisschock 1973 und damit indirekt durch die vorangegangene Entwertung des Dollars mitverursacht (siehe dazu Schulmeister, 2000).

2 In Abb. 12 wird der (kurzfristige) Geldmarktzins dargestellt. Die für die Finanzierung von Realinvestitionen relevanten Kredit- und Anleihenzinsen sind – grob gerechnet – um etwa drei Prozentpunkte höher. Ihr Niveau liegt somit in Europa seit 30 Jahren über der Wachstumsrate der Realwirtschaft, davor war es darunter gelegen (wenn auch weniger als in Abb. 12 dargestellt).

3 Meine These, dass die große Krise die große Frucht der Blüte von Neoliberalismus und Finanzkapitalismus ist, dass sie also den Anfang vom Ende eines fast 40 Jahre dominierenden Systems markiert, steht im Gegensatz zu den gängigen Erklärungen, so unterschiedlich diese auch sind. Einen Überblick bietet Url (2010), Einzelbeispiele sind Aiginger (2009), Blundell-Wignall/Atkinson (2008), Eichengreen ed. al (2009), Reinhart/Rogoff (2009), Taylor (2009). Guttmann (2008) entwickelt eine ähnliche Erklärung wie die hier vorgestellte. In einzelnen wichtigen Punkten stimmt die vorliegende Analyse mit den jüngsten Abhandlungen von Flassbeck (2009), Galbrath (2010) und Stiglitz (2010) überein.

4 Diese dreifache Umverteilung ist essentielles Element der finanzkapitalistischen Ausprägung einer Marktwirtschaft (siehe dazu Abschnitt 5). Für Ökonomen außerhalb des Mainstreams ist die Umverteilung ein wesentliches Element im Aufbauprozess der Krise: Um die damit verbundenen Stagnationstendenzen zu überwinden, wurde der Konsum in einigen Ländern durch immer größere Verschuldung der privaten Haushalte und durch Immobilienbooms angeheizt (USA, Großbritannien, Spanien). Andere Länder, insbesondere Deutschland, Japan und China, setzten auf ein exportgetriebenes Wachstum, was die globalen Leistungsbilanzungleichgewicht dramatisch erhöhte (siehe dazu Dürnhaupt, 2010; Horn et al., 2009B; Horn/Joebges/Zwiener, 2009; Sturn/van Treek; 2010; Horn/Sturn/van Treek, 2010). Ich konzentriere mich im Folgenden auf

Handelspraktiken und Preisbildung auf Finanzmärkten. Denn die Hypothese, wonach die freiesten Märkte durch business as usual in systematischer Weise falsche Preise produzieren und so wesentlich zum Aufbau des Potenzials für die Krise beigetragen haben, ist von allen Krisenerklärungen die am meisten ausgeblendete.

5 Eine sehr detaillierte, auch für Laien verständliche Darstellung von Informationssystemen und Handelspraktiken auf den verschiedenen Typen von Finanzmärkten bietet Reichert, 2009.

6 Das Konzept von Finanzkapitalismus als einer bestimmten Ausprägung einer kapitalistischen Marktwirtschaft hat viele Ähnlichkeiten mit dem Konzept der Financialisation (siehe dazu Epstein, 2004; Dürnhaupt, 2010; van Treek, 2010, und die dort angeführte Literatur), doch ist es umfassender: Es inkludiert eine Vielzahl von Dimensionen eines ökonomischen Systems wie etwa auch das Verhältnis von Staat zu Markt oder die Bildung ökonomischer Theorien (siehe Übersicht 1), es setzt den Finanzkapitalismus in Kontrast zum Realkapitalismus und stellt die Abfolge beider Systeme in den Kontext des langen Zyklus (siehe die Skizze im folgenden Abschnitt).

7 Das Konzept eines langen politökonomischen Entwicklungszyklus geht davon aus, dass die Abfolge von mehreren Jahrzehnten dauernden Aufschwungs- und Abschwungsphasen durch die Interaktion sozialer und technologischer Faktoren geprägt wird. Die wichtigste soziale, genauer politökonomische, Determinante ist die Bündniskoalition in der Triade Arbeit – Realkapital – Finanzkapital: Die jeweilige Aufschwungsphase ist durch realkapitalistische Rahmenbedingungen geprägt (wie ~1895 bis 1914 oder ~1950 bis ~1975), die Abschwungsphase durch den Finanzkapitalismus (wie 1873 bis ~1895 oder ~1975 bis ~2010ff). Die wichtigste technologische Determinante besteht nicht im Auftreten von Basisinnovationen als solchen, sondern in ihrer Kohärenz mit sozialen Innovationen. So setzte sich die prozesstechnische Innovation fordistischer Massenproduktion – sie wurde bereits in den 1920er Jahren entwickelt – erst in den 1950er und 1960er Jahren durch. Denn erst in dieser Phase wurde die technische Innovation der Massenproduktion durch die soziale Innovation der Stärkung der Massenkaufkraft in Gestalt einer keynesianischen Politik akkomodiert.

Das Konzept des politökonomischen Entwicklungszyklus unterscheidet sich markant vom Konzept des langen Zyklus in der Tradition von Kondratieff (1926) und Schumpeter (1939) – für eine zusammenfassende Darstellung siehe Van Duijn

(1983). Letzterer sieht im Auftreten und der Diffusion von Basisinnovationen als solchen die Triebkraft der langen Wellen.
Dieses Konzept kann die Wirtschaftsdynamik der Nachkriegszeit kaum erklären. Denn in der Prosperitätsphase traten keine Basisinnovationen auf, umgekehrt hat die Basisinnovation
der Mikroelektronik Produktion, Handel und Konsum vielfach
dramatisch verändert, ohne dass sich ein hohes und stabiles
Wirtschaftswachstum eingestellt hätte.

8 Auf den Punkt gebracht: Um die Banken und damit die Vermögen der »Reichen an Geld« zu retten, nahm der Staat enorme Kredite auf, überwiegend bei den »Reichen an Geld«, die
sich so ihre eigene Rettung auch noch gut bezahlen lassen
(besonders wenn sie Problemstaaten wie Griechenland Geld
leihen, dafür hohe Risikoprämien erzielen und gleichzeitig an
die soliden Staaten appellieren, aus Gründen der europäischen
Solidarität kein Land pleite gehen zu lassen …). Dieser – nahezu groteske – Zusammenhang wird in einem – auch sonst le-
senswerten – Buch von Ulrike Hermann herausgearbeitet (Hermann, 2010).

9 Das Ausmaß des »neoliberalen Smogs« in den Köpfen der ökonomischen Eliten differiert nicht nur nach Ländern, sondern
insbesondere auch nach Kommunikationsmedien: Auf ver-
schiedensten Internet-Blogs wird viel innovativer und undog-
matischer über Ursachen und Folgen der großen Krise debattiert
als in den Printmedien oder in wissenschaftlichen Journalen (unabhängig von dem natürlich unterschiedlichen Stil der verschiedenen Medien: Artikel, welche dem ökonomischen Mainstream
inhaltlich widersprechen, werden nur selten von den wissenschaftlichen Zeitschriften akzeptiert). Eine Übersicht über einige besonders informative und anregende Blogs findet sich nach
dem Literaturverzeichnis am Ende des Buches.

10 Allgemeiner formuliert: Es gilt, zwei gegensätzliche Entfal-
tungsmöglichkeiten der BürgerInnen zu integrieren, ihre Entfaltung als Individuen durch Streben nach individuellem Eigennutz und ihre Entfaltung als soziale Wesen durch Solidarität
(= sozialer Eigennutz).

11 Zu ähnlichen Ergebnissen kommt Marterbauer (2010). Eine offensive Konsolidierungspolitik, die auch die Ungleichheit in der
Einkommensverteilung explizit im Visier hat, ist insbesondere
deshalb geboten, da wir ein Zeitalter der verminderten Erwartungen vor uns haben: Das Wirtschaftswachstum wird mittelfristig
viel zu schwach sein, um das Doppelproblem hoher Arbeitslosigkeit und hoher Budgetdefizite nachhaltig zu verringern.

12 Das Haavelmo-Theorem besagt, dass ein bestimmter Betrag zusätzlicher Staatsausgaben die Wirtschaft stärker stimuliert als eine Steuersenkung gleicher Höhe. Das Sparparadox verdeutlicht, dass unter ungünstigen makroökonomischen Bedingungen der Versuch des Staates, sein Defizit durch Sparen zu senken, zum Gegenteil führt, nämlich zu einem höheren Defizit (weil die Wirtschaft durch die Reduktion der Staatsnachfrage gedämpft wird).

13 Vorschläge dazu wurden in jüngster Zeit formuliert in der »UN Commission of Experts on Reforms of the International Monetary and Financial System« (»Stiglitz-Kommission« – zitiert im Literaturverzeichnis als UN Commission, 2009), im »Larosiere-Report« (2009) im Auftrag der EU-Kommission sowie in einer Analyse der »global economic crisis« durch die UNCTAD (2009). Vorschläge für eine bessere Regulierung der Finanzmärkte finden sich auch in Horn et al. (2009A). Allgemeine Leitlinien für »the ways out of the crisis and the building of a more cohesive world hat die GN unter Vorsitz von Fitoussi und Stiglitz formuliert (Fitoussi/Stiglitz, 2009).

14 Die Ungleichgewichte zwischen den EU-Ländern (Leistungsbilanzdefizite bzw. -überschüsse) sowie zwischen dem öffentlichen und privaten Sektor innerhalb jedes Landes (Budgetdefizite) müssen in ihrer Interaktion verstanden und daher gemeinsam bekämpft werden. Siehe dazu Brecht et al. und Lapavitsas et al. (2010).

15 Jene Ökonomen, welche sich nicht vom Mainstream treiben lassen (in Deutschland ist diese Minderheit besonders klein), fordern schon seit vielen Jahren eine grundlegend andere Wirtschaftspolitik in Europa. Siehe dazu etwa die Analysen und Empfehlungen der Arbeitsgruppe Alternative Wirtschaftspolitik/Memorandum-Gruppe, zuletzt jene vom April 2010 (Arbeitsgruppe Alternative Wirtschaftspolitik, 2010). Ein Kernthema heterodoxer Ökonomen ist dabei die Integration unterschiedlicher ökonomischer, sozialer und politischer Ziele wie eine höhere Effizienz, eine gleichmäßigere Verteilung von Einkommen, Vermögen und Entfaltungschancen, eine bessere soziale Absicherung, eine Verbesserung der Umweltbedingungen und eine Stärkung demokratischer Entscheidungsprozesse in der gesellschaftlichen Entwicklung (als zwei Beispiele siehe Marterbauer, 2007; Zinn, 2008).

16 Eine lehrreiche Dokumentation dieser Geschäfte findet sich unter http://www.businessweek.com/news/2010-04-14/saint-etienne-swaps-explode-as-financial-weapons-ambush-europe.html

17 Das wichtigste Gegenargument lautet: Hedging ist nur möglich, wenn es genügend Spekulanten gibt, die bereit sind, das Risiko zu übernehmen. Dies stimmt dann nicht, wenn alle Akteure, die offene Positionen im Underlying haben, also etwa alle Exporteure und Importeure von Rohöl, ihre Positionen absichern, wenn Hedging also symmetrisch stattfindet. Dann kaufen die Importeure genau die Menge an Rohölfutures, welche die Exporteure verkaufen. Dies entspräche einem Abkommen, in Zukunft zu einem heute festgelegten Preis zu kaufen bzw. zu verkaufen, also einer längerfristigen Preisvereinbarung, wie sie bis in die 1970er Jahre üblich war. Außerdem ist das Gegenargument dann irrelevant, wenn die Spekulanten sich nicht primär an den Fundamentals orientieren, also die Preise nicht stabilisieren, sondern – durch allerlei Trading Systems – destabilisieren.

18 Viele Komponenten des »New Deal« würden die Ungleichheit in den europäischen Gesellschaften verringern, insbesondere die Maßnahmen zur Verbesserung der Entfaltungschancen der Jungen und der zugewanderten Menschen in den Bereichen Bildung, Wohnen und Soziales sowie generell die nachhaltige Verringerung von Arbeitslosigkeit (siehe dazu Abschnitt 16). Auch die steuerlichen Maßnahmen würden die Ungleichheit in der Verteilung von Einkommen und Vermögen merklich reduzieren (Abschnitt 17).

19 In einzelnen Ländern – insbesondere in Skandinavien – und in bestimmten Produktionsbereichen – insbesondere im Bildungswesen – ist dies in Ansätzen schon realisiert, und zwar mit großem Erfolg.

20 Selbst die relativ wenig innovative, aber in der Vergangenheit bedeutendste Form der Arbeitszeitverkürzung, jene der Wochenarbeitszeit, würde mittelfristig erhebliche Beschäftigungseffekte bringen: Nach einer WIFO-Studie würde eine Reduktion der Normalarbeitszeit von 37 auf 35 Stunden nach fünf Jahren die Zahl der Beschäftigten um 3,6 Prozent steigen lassen, die Arbeitslosenquote ginge um 2,3 Prozentpunkte zurück (Baumgartner et al., 2001).

21 Siehe dazu das ausgezeichnete Buch von Skidelsky (2009). Grundsätzliche Überlegungen zum Verhältnis von Einkommensverteilung, Konsum und Freizeit finden sich auch in Stiglitz (2008), Wilkinson/Pickett, (2009) und Zinn (2008).

22 Siehe dazu die Studie von Kletzan et al. (2008). In Abschnitt 5 dieser Studie werden das Investitionsvolumen und die dadurch ausgelösten Produktions- und Beschäftigungseffekte unter der

Annahme einer Sanierungsrate von drei Prozent geschätzt. Die Schätzwerte wurden hier auf eine Sanierungsquote von zehn Prozent hochgerechnet. Es handelt sich dabei um eine Maximalvariante.

23 Die Entwicklung der österreichischen Umwelttechnikindustrie und ihr künftiges Potenzial untersuchen Kletzan-Slamanig/ Köppl (2009).

Literatur

Aiginger, K. (2009A), »Die internationale Finanzkrise – Anmerkungen über Ursachen, Wirkungen, Optionen«, in: Khol, A., Ofner, G., Karner, S., Halper, D., Jahrbuch für Politik, Wien 2009.

Arbeitsgruppe Alternative Wirtschaftspolitik, Memorandum 2010: Sozial-ökologische Regulierung statt Sparpolitik und Steuergeschenken, Bremen, April 2010.

Baumgartner, J., Huber, P., Marterbauer, M., Seiler, F., Walterskirchen, E., Zwiener, R., Beschäftigungswirkungen und ökonomische Effekte von Arbeitszeitverkürzungen, WIFO-Studie, Februar 2001.

Beigewum/Attac (Hrsg.), Mythen der Krise – Einsprüche gegen falsche Lehren aus dem großen Crash, VSA Verlag, Hamburg, 2010.

Blanchard, O., Dell'Ariccia, G., Mauro, P., Rethinking Macroeconomic Policy, IMF Staff Position Note, Washington, February 2010.

Blundell-Wignall, A. and Atkinson, P., »The Sub-prime Crisis: Causal Distortions and Regulatory Reform«, in: Lessons from the Financial Turmoil of 2007 and 2008, Reserve Bank of Australia, 2008, 55–102. http://www.oecd.org/dataoecd/33/6/42031344.pdf

Brecht, M., Tober, S., van Treek, T., Truger, A., Squaring the Circle in Euroland? Some Remarks on the Stability and Convergence Programs 2010–2013, IMK Working Paper 3/2010, March 2010.

Dürnhaupt, P., Financialization and the rentier income share – evidence for the USA and Germany, IMK Working Paper 2/2010.

Dullien, S., Herr, H., Kellermann, Der gute Kapitalismus, transcript-Verlag, 2009.

Eichengreen, B., Mody, A., Nedeljkovic, M., Sarno, L., How the Subprime Crisis Went Global: Evidence from Bank Credit Default Swap Spreads, NBER Working Paper, 14904, April, 2009.

Epstein, G. (Hrsg.): Financialization and the World Economy, Edward Elgar, London, 2004.

Fisher, I., The Debt-Deflation Theory of Great Depressions, Econometrica, 1933, 337–357.

Fitoussi, J.-P., Stiglitz, J., (eds.), The Ways Out of the Crisis and the Building of a More Cohesive World, OFCE, Paris, 2009.

Flassbeck, H., Gescheitert: Warum die Politik vor der Wirtschaft kapituliert, Westend Verlag, 2009.

Fleck, L., Entstehung und Entwicklung einer wissenschaftlichen Tatsache, Bern, 1935.

Galbraith, J. K., Der geplünderte Staat. Oder was gegen den freien Markt spricht. Rotpunkt-Verlag, 2010.

Galbraith, J. K., The Great Crash 1929, Boston, 1954.

Guttmann, R., »A Primer on Finance-Led Capitalism and its Crisis«, in: Revue de la régulation, Capitalisme, Institutions, Pouvoirs, 3/4, 2008.

Habermas, J, »Wir brauchen Europa!«, Die Zeit, 20. Mai 2010.

Hermann, U., Hurra, wir dürfen zahlen. Der Selbstbetrug der Mittelschicht, Westend, 2010.

Horn, G., Joebges, H.,Kamp, L., Krieger, A., Sick, S., Tober, S. (Horn et al., 2009A), Gesamtwirtschaftliche Stabilität durch bessere Regulierung – Vorschläge für eine Neuordnung der Finanzmärkte, IMK Report 36, März 2009.

Horn, G., Joebges, H., Zwiener, R., Von der Finanzkrise zur Weltwirtschaftskrise (II) – Globale Ungleichgewichte: Ursache der Krise und Auswegstrategien für Deutschland, IMK Report 40, August 2009.

Horn, G., Dröge, K.,Sturn, S., van Treek, T., Zwiener, R. (Horn et. al, 2009B), Von der Finanzkrise zur Weltwirtschaftskrise (III) – Die Rolle der Ungleichheit, IMK Report 41, September 2009.

Horn, G., Sturn, S., van Treek, T., Die Debatte um die deutsche Exportorientierung, Wirtschaftsdienst, Heft 1, 2010.

Keynes, J. M., The General Theory of Employment, Income and Money, Macmillan, London, 1936.

Kindleberger, Ch. P., The World in Depression 1929–1939, University of California Press, Berkeley and Los Angeles, 1973.

Kletzan-Slamanig, D., Köppl, A., Österreichische Umwelttechnikindustrie: Entwicklung – Schwerpunkte – Innovationen, WIFO-Monatsberichte 7/2009.

Kletzan-Slamanig, D., Köppl, A., Artner, H., Karner, A., Pfeffer, T., Energieeffiziente Gebäude. Potentiale und Effekte von emissionsreduzierenden Maßnahmen, WIFO-Studie, Wien, Okt. 2008.

Kondratieff, N. D., »Die langen Wellen der Konjunktur«, in: Archiv für Sozialwissenschaften, 56, 1926.

Lapavitsas, C., Kaltenbrunner, A., Lindo, D., Mitchell, J., Painceira, J. P., Pires, E., Powell, J., Stenfors, A., Teles, N., Eurozone Crisis: Beggar Thyself and Thy Neighbor, Research on Money and Finance Occasional Report, March 2010. www.reserachonmoneyandfinance.org.

League of Nations, Economic Stability in the Post-war World, Geneva, 1945.

Larosiere-Report: Report of The High-Level Group on Financial Supervision in the EU, Chairman: Jacques de Larosière, Report, Brussels, 2009. http://ec.europa.eu/internal_market/finances/docs/de_larosiere_report_en.pdf

Marterbauer, M., Wem gehört der Wohlstand? Perspektiven für eine neue österreichische Wirtschaftspolitik, Zsolnay Verlag, Wien, 2007.

Marterbauer, M., Budgetpolitik im Zeitalter verminderter Erwartungen, WIFO Working Paper 366/2010.

Minsky, H. P., »Longer Waves in Financial Relations: Financial Factors in the More Severe Depressions«, in: The American Economic Review, 54 (3), Papers and Proceedings of the Seventy-sixth Annual Meeting of the American Economic Association (May, 1964), 324–335.

Radermacher, F. J., Global Marshall Plan, Ökosoziales Forum Europa, Wien, 2004.

Reichert, R., Das Wissen der Börse, transcript-verlag, 2009.

Reinhart, C.M., Rogoff, K.S., The Aftermath of Financial Crises, American Economic Association meeting in San Francisco, January 3, 2009.

Schulmeister, S., Zinssatz, Investitionsdynamik, Wachstumsrate und Staatsverschuldung, WIFO-Studie im Auftrag des Bundesministeriums für Finanzen, Wien, 1996.

Schulmeister, S., »Der polit-ökonomische Entwicklungszyklus der Nachkriegszeit«, in: Internationale Politik und Gesellschaft, Friedrich-Ebert-Stiftung, 1, 1998.

Schulmeister, S., »Globalization without global money: the double role of the dollar as national currency and as world currency«, in: Journal of Post Keynesian Economics, 2000, 22(3), 365–395.

Schulmeister, S., Aktienkursdynamik und Realkapitalbildung in den USA und Deutschland, WIFO-Studie mit Unterstützung des Jubiläumsfonds der Österreichischen Nationalbank, 2003.

Schulmeister, S., Der Finanzkapitalismus, die Wachstumskrise und das Europäische Modell, in: Hein, E., Heise, A., Truger, A. (eds.), Finanzpolitik in der Kontroverse, Metropolis-Verlag, Marburg, 2004, 23–69.

Schulmeister, S., Purchasing Power Parities, Exchange Rates and International Price Competitiveness, WIFO-Studie mit Unterstützung des Jubiläumsfonds der Österreichischen Nationalbank, 2005.

Schulmeister, S., »The interaction between technical currency trading and exchange rate fluctuations«, in: Finance Research Letters, 2, 2006, 212–33.

Schulmeister, S., »Konzept für eine einheitliche Besteuerung der Vermögen in Österreich«, in: Soziale Innovation konkret, Zentrum für Soziale Innovationen, November 2006.

Schulmeister, S., (2007A), »Finanzspekulation, Arbeitslosigkeit und Staatsverschuldung«, Intervention 1/2007.

Schulmeister, S., (2007B), Wirtschaftspolitik und Finanzinstabilität als Ursachen der unterschiedlichen Wachstumsdynamik in den USA und Europa, AK Wien, 2007.

Schulmeister, S., »On the manic-depressive fluctuations of speculative prices«, in: Hein, E., Niechoj, T., Spahn, P., Truger, A. (eds.), Finance-led Capitalism, Metropolis-Verlag, Marburg, 2008.

Schulmeister, S. (2009A), »Aggregate Trading Behavior of Technical Models and the Yen/Dollar Exchange Rate 1976–2007«, in: Japan and the World Economy, 21, 2009, 270–279.

Schulmeister, S., (2009B), Trading Practices and Price Dynamics in Commodity Markets and the Stabilising Effects of a Transaction Tax, Study of the Austrian Institute of Economic Research (WIFO) Vienna, January 2009.

Schulmeister, S., (2009C), Die neue Weltwirtschaftskrise – Ursachen, Folgen, Gegenstrategien, in: Materialien zu Wirtschaft und Gesellschaft 106, Abteilung Wirtschaftswissenschaft und Statistik der Kammer für Arbeiter und Angestellte für Wien (Hrsg.), 2009.

Schulmeister, S., Boom-Bust Cycles and Trading Practices in Asset Markets, the Real Economy and the Effects of a Financial Transactions Tax, WIFO Working Paper 364, March 2010.

Schulmeister, S., Schratzenstaller, M., Picek, O., A General Financial Transaction Tax – Motives, Revenues, Feasibility and Effects, Study of the Austrian Institute of Economic Research (WIFO) Vienna, April 2008.

Schumpeter, J., Business Cycles, McGraw Hill, New York, 1939.

Skidelsky, R., Die Rückkehr des Meisters – Keynes für das 21. Jahrhundert, Verlag Antje Kunstmann, 2009.

Stiglitz, J., Toward a General Theory of Consumerism in Pecchi, L., Piga, G. (eds.), Revisiting Keynes: Economic Possibilities for Our Grandchildren, MIT Press, 2008.

Stiglitz, J., Im freien Fall. Vom Versagen der Märkte zur Neuordnung der Weltwirtschaft, Siedler-Verlag, 2010.

Sturn, S., van Treek, T., »Wachstumszwang durch Ungleichheit und Ungleicheit durch Wachstumszwang«, in: Zeitschrift für sozialistische Politik (spw), Heft 2, 2010.

Taylor, J.B., The Financial Crisis and the Policy Responses: An empirical analysis of what went wrong, NBER Working Paper 14.631, 2009.

UN Commission of Experts of the President of the UN General Assembly on Reforms of the International Monetary and Financial System, Reommendations, 19 March 2009. http://www.un.org/ga/president/63/letters/recommendationExperts200309.pdf

UNCTAD, The Global Economic Crisis: Systemic Failures and Multilateral Remedies, Report by the UNCTAD Secretariat Task Force on Systemic Issues and Economic Cooperation, New York and Geneva, 2009. http://www.unctad.org/en/docs/gds20091_en.pdf.

Url, T., Finanzmarktkrise: Entstehung, kurzfristige Reaktion und langfristiger Anpassungsbedarf, WIFO-Monatsberichte 12/2009.

Van Duijn, J., J., The Long Wave in Economic Life, London-Boston-Sydney, 1983.

Van Treek, T., The macroeconomics of »financialization« and the deeper origins of the world economic crisis, IMK Working Paper 9/2010.

Vogt, W., Schulmeister, S., »Konzept für eine sozialstaatliche Organisation der Altenbetreuung«, in: Soziale Innovation konkret, Zentrum für Soziale Innovationen, November 2006.

Wilkinson, R., Pickett, K, Gleichheit ist Glück, Tolkemitt Verlag, 2010.

Zinn, K. G., Die Keynes'sche Alternative: Beiträge zur Keynesschen Stagnationstheorie, zur Geschichtsvergessenheit der Ökonomik und zur Frage einer linken Wirtschaftsethik, VSA Verlag, Hamburg, 2008.

Homepages und Blogs

http://www.Angrybear.blogspot.com
http://www.Baselinescenario.com
http://Blog.zeit.de/herdentrieb/
http://www.Delong.typepad.com
http://www.Econbrowser.com
http://www.Economistsview.typepad.com
http://www.Krugman.blogs.nytimes.com
http://www.Kurtbayer.wordpress.com
http://www.Nachdenkseiten.de
http://www.misik.at
http://www.Weissgarnix.de

Quellen

Abb. 1: OECD, International Monetary Fund.
Abb. 2: Yahoo Finance (http://de.finance.yahoo.com/m8)
Abb. 3: Yahoo Finance (http://de.finance.yahoo.com/m8)
Abb. 4: Federal Reserve System, Olsen Ltd., WIFO
Abb. 5: OECD, WIFO, Schulmeister (2009B)
Abb. 6: New York Mercantile Exchange (NYMEX), Chicago
    Board of Trade (CBOT)
Abb. 7: OECD, WIFO, Schulmeister (2005)
Abb. 8: BIS, World Federation of Exchanges (WFE), WIFO
Abb. 9: Federal Reserve Bank, Deutsche Bundesbank, Statistisches
    Bundesamt Wiesbaden
Abb. 10: Federal Reserve Board, OEF.
Abb. 11: IMF, WIFO
Abb. 12: OECD

Der Autor

Stephan Schulmeister, Wirtschaftsforscher; seit 1972 am Österreichischen Institut für Wirtschaftsforschung (WIFO), Forschungsschwerpunkte: Spekulation auf den Finanzmärkten und ihre realwirtschaftlichen Konsequenzen, Einfluss des Zinsniveaus auf Wirtschaftswachstum, Beschäftigung und Staatsverschuldung, Analyse und Prognose der längerfristigen Entwicklung der Weltwirtschaft, Forschungsaufenthalte an der New York University, am Wissenschaftszentrum Berlin und an der University of New Hampshire, Lehrbeauftragter an der Universität Wien, an der Wirtschaftsuniversität Wien sowie an der FH Campus Wien.

E-Mail: stephan.schulmeister@wifo.ac.at
Homepage: http://stephan.schulmeister.wifo.ac.at/